나를 자유롭게 하는 관계

The Anatomy of Peace

Resolving the Heart of Conflict

나를 자유롭게
하는 관계

—— 상처와 용서 그리고 사랑과 평화에 이르는 길 ——

· 서상태 편역 ·

아빈저연구소®

전 세계에서 쏟아진 찬사!

경이적이고, 감탄하지 않을 수 없으며, 생생하고, 마음에 강하게 호소하고 있다. 이 책은 모든 기업의 매니저, 교육자, 상담자 그리고 부모들이 반드시 읽고 적용해야만 한다.

_ 스티븐 C. 휠라이트, 하버드대학교 경영대학원 선임 부학장

아주 극소수의 책만이 우리의 개인적인 삶, 그리고 이 세상 자체를 완벽하게 변화시킬 수 있는 잠재력이 있다. 이 책은 바로 그러한 성취물이며, 살아가면서 보여주고 싶은 그러한 통찰력과 영감력을 제공하는 선구자적인 노력이다. 적극적으로 이 책을 추천한다.

_ 벤자민 블레, Yeshiva 대학교 교수

나는 사반세기 동안 아빈저연구소가 전하는 메시지를 통해서 영감을 얻을 수 있었다.

_ 스티븐 R. 코비, 〈The 7 Habits〉의 저자

협력과 수행 능력을 최대화 시키는 실천적이고 흥미로운 접근이다. 나는 아빈저의 첫번째 출판물인〈상자 밖에 있는 사람〉의 원리를 적용하여 매우 우수한 성과를 이루어내었다. 이 책은 바로 그 다음 단계를 책임질 것이다.

_ Adel Al-Saleh, IBM 북동유럽 사장

아빈저는 동료를 진실로 대하고 강력한 조직을 만들어서 궁극적으로 고객에게 진실로 대하는 단계에까지 전환될 수 있도록 개별적인 책임을 지는 것을 가르쳐 줌으로써 조직 안에서 리드하고 경영하는 짐을 덜어주었다.

_ 돈 세랏, LWC의 CEO및 설립자, 영국

지혜와 통찰력의 멋진 작업이다. 이웃의 평범한 사람에서부터 국가 총수에 이르기까지 이 책을 반드시 읽고 그 가르침에 따라 살아가야만 할 것이다.

_ 켄트 H. 머독, 회장 및 CEO, O.C. Tanner

아빈저는 가정에서나 직장에서의 관계들 속에서 우리의 마음이 '전쟁터'에 놓여질 수 있음을 보여준다. 이러한 통찰력을 능동적이고 지속적인 변화를 위해 활용할 것을 당부 드린다. 〈나를 자유롭게 하는 관계〉는 복지 관련 전문가들을 위한 필수 이수 과정으로 채택되어야 하며, 효과적인 조직을 만들어내려는 모든 리더들이 연구해야 할 그런 책이다.

_ 자넷 손더스, 간호 책임자, 영국국립종합병원

이 책은 기분을 전환시켜주고 행동을 자극하는 흔치 않은 명쾌함으로 명석하게 쓰여진, 강력하게 읽히는 그런 책이다. 이 책의 요점(essence)을 채택하는 것이야 말로 평화를 향한 진정한 지도이다. 사적인 문제부터 국제적인 갈등까지 그 해결책을 강구하는데 관심이 있는 그 누구에게라도 주저하지 않고 이 책을 추천해주고 싶다.

_ 길리어드 세르, 전 이스라엘 수상 수석보좌관, 협상책임자

감동적이고 파워풀한 이 책은 고통스럽고 분노를 느끼고 미워하는 상황에서 이해하고 치유하고 성장해가는 상황으로 전환할 수 있는 방법을 보여준다. 이 작업은 범죄의 가해자와 피해자를 바라보는 시각이라던가 서로를 대하는 방법에 있어서 매우 중요하다. 이 책을 읽을 수 있음에 매우 감사하다.

_ 팀 뉴엘, 전 영국 법무부 관료

이 책만큼 나의 모든 신경을 빼앗아간 책을 읽어본 기억이 없다. 육아, 경영, 중동 평화, 그리고 자기 실현과 같이 전혀 공통점이 없는 주제들을 모두 통괄하는 내용의 책을 경험할 수 있다는 건 진실로 놀라운 일이다.

_ 조 엘렌 카이저, Tikkun 매거진 편집인

소용돌이 치는 혼란과 극도로 단절된 이 시대에, 〈나를 자유롭게 하는 관계〉는 신성한 처방이다. 읽고 생각해야 할 아이디어가 한 권의 책 이상의 가치를 지녔다. 그것은 침묵 속에 고통 받고 있는 사람과 두려움 속에 번민하는 수많은 사람들에게 구명보트이다.

_ 이얀나 밴잔트, 라이프 코치, institute for Spiritual Development 설립자

심오하지만 단순함이 있다. 개인의 입장에서나 전문가의 입장에서 모두 거대한 영향력을 불러 일으키는 놀라운 작업이다. 이 책은 조직이 어떻게 수행 능력을 높일 수 있는가에 대한 중요한 다음의 단계이다.

_ 닉 제세트 , 롤스 로이스 HR 책임자

이 책은 독자에게 아빈저의 연구 결과물을 이해하는데 심층적인 수준을 제공한다. 나의 눈이 열리고 내 마음이 어떻게 전쟁 중이었는지 깨닫게 하였다. 나는 내 삶의 존재방식을 지속적으로 단련시켜가도록 새롭게 맹세했다. 브라보!

_ 수잔 엠 발디세리, Executive Coach, IBM 영업전략센터

나는 우리 조직의 불가능한 상황에 대처 시키기 위해 아빈저를 초대 했으며, 이러한 아이디어를 전문적으로 조직의 갈등을 해결하는 데 사용했다. 나는 그런 급진적인 변화를 본 적이 없다. 그것은 경영의 기적에 가까운 것이었다. It was the closest thing I've ever seen to a management miracle

_ 러셀 펜더그라스, 미 해군 대령

가정에서 직장에서 사회에서 국가 간에 그 어떤 조직에서든 성숙한 평화에 길로 나가길 원하는 모든 분들께 강력하게 추천하고 싶다.

_김성묵, 두란노 아버지학교 국제운동본부장

이 책은 모든 사람이 공감할 수 있고 페이지를 넘길 때마다 번뜩일 수 있는 그런 책이다. 이야기의 단순함은 가족에서부터 시작하여 더 커다란 공동체에 이르기까지 긍정적인 관계에 대한 깊은 철학을 전하는 도구가 되어줄 것이며 모든 신념과 문화에 영향을 미칠 것이다.

_서울 YWCA 김형 회장

이 책은 갈등을 넘어 평화를 위한 전방위 시야를 확보할 수 있는 거울을 제공해 줄 뿐만 아니라, 다른 사람들이 변화하도록 강요하는 대신 스스로 변화될 수 있는 원리를 가르쳐준다. 모든 부모와 교육자 그리고 리더들에게 적극 추천합니다.

_강태수, 단국대 의과대학 교수

〈나를 자유롭게 하는 관계〉는 누구에게나 유익한 인생의 교훈을 제공하며 놀랍도록 매력적이고 지속적으로 나를 자극한다. 이 책을 매우 강하게 추천한다. 이것은 내가 읽은 최고의 책 중 하나이다.

_린지 다니엘스, Amazon독자들

갈등을 넘어

　인류가 우주를 탐험하고 정보통신 기술이 우리 삶과 일에 깊숙하게 자리 잡아가는 눈부신 과학기술 문명의 발달에도 불구하고, 우리 사회와 세계 곳곳에서는 분쟁과 다툼 그리고 냉전이 벌어지고 있다. 어느 한사람은 이렇게 말했다. "우리는 기술적으로는 거인이지만, 도덕적으로는 난쟁이에요"

　왜 그럴까? 우리가 이룩한 기술적 업적과 (인간)관계에서의 업적 사이에 왜 그토록 엄청난 차이가 있을까? 자연과학이 사회과학을 앞지른 결과일까? 그래서 인간 관계를 개선하는 방법에 관한 연구에 우리의 에너지와 자원을 더 많이 쏟아야 할 필요가 있는 것인가?

　그렇지 않다. 최초의 인간 이래로 관계의 근본 원리와 법칙들은 결코 변화되지 않았다. 많은 것이 버려진 바 되었을 뿐이다. 그렇다면 어디에서 뒤쳐지는 것일까? 실천하는 것, 적용하는 것 바로 그것이다. 응용 사회과학은 응용 자연과학보다 훨씬 뒤떨어졌다.

　우리들 각자는 자신의 삶에서 '아는 것'과 '실천하는 것' 사이에 있는 이러한 차이의 증거와 기원을 볼 수가 있다. 우리들 중 '아는' 것만큼 '실천'하는 사람들은 소수이다. 평화를 추구하는 사람은 많아도 평화를 실천하는 사람은 적다.

우리는 자신의 생각과 행동을 다스릴 수 있는 선택 의지를 갖고 있다. 우리는 다른 사람이 우리에게 행하는 행동을 다스릴 수는 없지만 그러한 행위에 대한 우리의 느낌과 반응은 선택할 수 있고 다스릴 수 있으며 마땅히 그래야 한다. 다른 사람에 대해 악감정을 품고 용서하지 않는 사람은 자신의 내적인 평안을 파괴하는 것이다. 용서하지 않는 마음은 하늘과 사람에게 좀더 가까이 나아가려는 우리의 능력을 부식시키는 녹과 같은 것이다.

상처와 용서 •

너무나 많은 사람들이 사소한 문제를 과대평가한다. 우리는 너무 쉽게 상처를 입는다. 원한이 계속 우리를 괴롭힐 경우 그것은 심각한 문제가 될 수 있다. 그것들은 고통스러운 지병처럼 우리의 모든 시간과 주의력을 소진케 할 수 있다(고든 비 힝클리).

기 드 모파상은 이것을 묘사하는 흥미로운 이야기를 썼다. 그것은 장날 마을에 내려갔던 오치꽁이라는 사람에 관한 이야기이다. 류머티즘으로 고생하던 그는 길에서 넘어졌던데 그 때 길바닥에 떨어져 있는 노끈을 하나 발견했다. 그는 그것을 집어 조심스럽게 주머니에 집어넣었다. 그가 그렇게 하는 것을 평소 적대감을 갖고 있던 마구업자가 보았다. 같은 시각에 돈이 든 지갑을 잃어버렸다는 신고가 시장에게 보고되었다. 오치꽁이 주운 것이 지갑이라고 생각한 그는 그를 고소하였다. 오찌꽁은 그 고소를 적극 부인했다. 그의 몸을 수색했으나 나온 것은 노끈 조각 하나가 전부였다. 그러나 그는 자신에 대한 비방으로 괴로워했으며 결국 그것에 집착하게 되었다. 어디를 가든 그는 사람들에게 그것에 대해 말하곤 했다. 그는 사람들이 싫어하는 귀찮은 존재가 되었다. 그는 병이 들었다. 이야기의 마지막 내용은 이렇다. "그의 정신은 점점 더 쇠약해졌으며, 12월 말경 병이 들어 자리에 눕고 말았다. 그는 1월 초에 죽었다. 죽음의 고통 속에서 그는 계속 헛소리를 하며 자신의 무죄를 주장했다. '노끈 한 조각, 노끈 한 조각. 보십시오, 시장님! 이게 그것입니다.'"

감정을 상하게 하는 다른 사람의 말을 무시하고 자기 길을 올바르게 가는 사람은 행복한 사람이다.

오늘날 우리는 수많은 가족과 사람들 사이에서 상한 감정과 용서를 꺼려하는 모습을 본다. 쟁점이 무엇인가는 사실상 문제가 되지 않는다. 마음이 상처를 입도록 방치해 두어서는 안된다. 비난은 계속해서 상처를 드러내지만, 오직 용서만이 치유할 수 있는 것이다.

"다른 사람을 용서하지 못하는 사람은 자신이 천국에 도달하기 위해 반드시 건너야 하는 다리를 때려 부수는 것과 같다. 왜냐하면 모든 사람은 용서하고 용서받아야 할 필요가 있기 때문이다(조지 허버트)." 우리는 타인에게 받은 상처의 기억은 많은데, 타인에게 준 상처의 기억은 거의 없다. 상처는 용서를 통해 치유되고 해결되며 사랑(charity)을 통해 모든 것으로부터 자유로운 관계가 된다.

사랑한다는 것은 단순한 감정만이 아닌 결의이고 판단이고 약속이며 더 좋은 것을 위한 자발적인 책임이다. 이러한 책임은 결국 우리를 평화로 이끌며 우리를 크게 성장시킨다.

우리는 살아가면서 관계 속에서 갈등을 겪는다. 갈등은 어디에서나 볼 수 있다.

직장, 가정 그리고 사회 공동체와 국가 간에서 일어나는 갈등은 우리의 관계를 벌집처럼 구멍을 숭숭 뚫어 놓는다. 더구나 문제는 그러한 갈등에 대해 사람들이 무엇을 어떻게 해야 할지 거의 충분하게 이해하지 못하고 있다. 2013년 스탠포드 대학에서 발표된 경영자 코칭 조사에 의하면 기업의 CEO들은 다른 어떤 종류의 스킬보다 그들의 갈등관리 기술을 개선할 필요가 훨씬 더 크다고 느끼고 있다. 부모와 관련된 연구에서도 비슷한 결과를 가져온다. 해결이 필요함에도 불구하고 왜 혼란은 여전히 지속되고 있는가? 이유는 갈등 안에는 사람들이 마술처럼 보지 못하는 곳에서 갈등을 일으키는 실제 행동이 발생한다. 예를 들면, 갈등 가운데 있는 사람들은 누구나 해결책을 원한다고 우리는 가정한다. 그렇지만 이것은 단지 일부분만 사실이다. 툭 하면 다투거나 화를 내는 호전적인 아이들의 부모는 그들의 호전성이 끝나기를 바라고, 독불장군 같은 상사와 함께 일하는 사람들은 상사의 독선적인 분위기가 사라지길 바라며, 책임감 없는 직원을 둔 상사는 그로 인한 문제와 갈등이 해결되길 바라고. 약소국의 시민들은 확실이 존중 받기를 원한다. 그렇지만 주목할 것은 갈등을 겪고 있는 당사자들은 모두 하나 같이 똑 같은 해결책을 기대한다. 바로 상대방이 제발 변화되어 주기만을 기다린다. 이렇게 갈등이 계속되고 문제가 여전히 남아있을 때, 우리는 어떻게 놀라지 않을 수 있을까? 갈등 가운데 있는 사람들은 그저 단순한 해결책보다는 보다 더 근본적으로 중요하게 여기는 무엇인가 있다는 것을 깨닫고 알기 시작한다. 그것은 바로 〈나를 자유롭게 하는 관계〉에서 가정이나, 직장 그리고 세계에서의 갈등은 모두 같은 뿌리에서 기인한다는 것을 가르쳐주고 있다. 더구나 이 책은 우리가 어떻게 시스템적으로 갈등에 대해 잘못 이해하고 있는지, 우리가 갈등을 해결하려고 시도하는 그 무수한 행위들이 어떻게 문제가 되고 있는지, 우리가 체계적으로 문제의 원인을 오해하고 현명하지 않게 전쟁으로 향하는 마음의 갈등을 계속 안고 있는지를 보여준다.

〈나를 자유롭게 하는 관계〉에서 갈등을 넘어 평화의 길로 가는 알고리즘과 원리는 조직의 분열을 막고 법 집행 방법론을 혁신하고, 하버드, 예일, 옥스퍼드 등 전체 대학의 갈등 커리큘럼을 위한 틀(framework)을 제공하고, 노사 갈등을 치유하며, 결혼과 다른 관계를 유지하는 데 중요한 역할을 해왔다. 비즈니스와 정부 지도자, 부모, 교수, 갈등 전문가들은 그들의 가장 어려운 문제들에 대한 해결책을 찾기 위한 가이드로서 이 책의 원리를 사용한다.

　이전의 책 〈상자 밖에 있는 사람〉을 읽은 사람들은 그 책에서 핵심 인물 중에 한 사람 루 허버트를 기억할 것이다. 이 책은 시간을 거슬러 올라 루(Lou)가 그의 회사와 그의 삶을 변화시키게 된 계기가 된 곳으로 독자들을 데리고 간다. 이 책의 일부 이야기는 실제 사건에서 영감을 얻었지만 특정 사람이나 조직을 대표하지 않는다. 여러 면에서 이러한 특성은 우리 각자에게도 있다. 그것들은 우리의 강점과 약점, 우리의 열망과 절망을 공유하고 있다. 이 책은 우리가 어떻게 다른 사람들과 함께 더 중요한 일에 함께 할 수 있는지, 우리의 무게를 짓누르는 다툼과 투쟁에서 어떻게 벗어날 수 있는지 도와준다. 그래서 이 이야기를 통해 얻게 되는 교훈은 우리에게 희망을 준다. 희망? 그렇다. 갈등은 우리에게 새로운 도전이자 기회이기 때문이다.

자기 자신에 대하여 솔직할 때

우리가 불가능하다고 믿었던 것들을

가능하게 만들 수 있다.

목차

제1부

마음의 평화는
어디에서 오는가

편견은 내가 다른 사람을 사랑하지 못하게 하고

오만은 다른 사람이 나를 사랑할 수 없게 한다

_ 제인 오스틴

01

사막에 있는 적

"싫어! 난 절대 안 가!"

사람들 모두가 날카로운 비명소리가 들린 곳으로 시선을 돌렸다.

"날 억지로 보내려는 거잖아!"

한 십대 소녀가 어머니로 보이는 여자에게 고함을 지르고 있었다.

"제니, 제발 내 말 좀 들어봐."

"난 안 가!"

제니는 계속 소리를 질러대고 있었다.

"무슨 말을 해도 소용없어. 난 안 간다니까!"

마치 달아나려는 듯 제니는 몸을 휙 돌렸다. 제니 뒤에는 안타까운 모습으로 그 상황을 지켜보는 한 중년 남자가 서 있었다. 그의 표정은 제니를 꼭 안고 달래주고 싶어 하기도 하고, 그 고통스러운 상황에서 벗어나고 싶기도 하는 것 같았다.

"아빠, 제발 그만둬요!" 라고 제니는 고함을 질렀다.

루 허버트는 길 건너 주차장에서 이 광경을 지켜보고 있었다. 그 중년 남자가 제니의 아버지라는 것을 그는 알 수 있었다. 그 남자의 모습에서 자신을 발견할 수 있었기 때문이었다. 그 역시 자신 옆에 무표정하게 서있는 18살짜리 아들, 코리를 향해 그 중년 남자처럼 두 개의 상반된 감정을 갖고 있었다.

코리는 최근 마약 범죄로 인해 일 년을 감옥에서 보냈다. 석방 된 지 석 달이 채 되지 않아, 천 달러 어치의 처방 진통제를 훔친 혐의로 다시 체포 되었다. 루는 이런 사실들이 코리 자신을 비롯해 가족 전부에게 큰 불명예를 안겨다 주었다고 생각했다.

'이 치유 프로그램이 반드시 코리를 바꿔놓아야 해. 반드시!'

루는 혼잣말을 하며 제니와 그녀의 아버지를 다시 돌아보았다. 제니는 절망에 빠진듯한 몸짓으로 놓아달라는 듯 아버지의 팔을 꼭 붙잡고 있었다. 루는 코리가 법원 명령에 의해 이곳에 오게 된 것이 기뻤다. 만약 코리가 제니처럼 치료를 거부했다면 또다시 감옥살이를 해야 할 위험한 상황에 처했을지도 모를 일이었다. 루는 제니 아버지처럼 난리를 겪지 않고 오늘 아침을 보낼 것이라는 확신이 들었다.

"루, 이쪽이에요."

부인 캐롤이 그에게 오라는 손짓을 하자 루는 코리의 팔을 붙잡았다. "가자. 엄마가 오라는구나."

"루, 이 쪽은 유수프 알 파라(Yusuf al-Falah) 씨예요." 캐롤이 그녀 옆에 서 있는 남자를 소개했다. "유수프씨가 이곳에서 코리에 관한 일이라면 다 도와주실 거예요."

"그렇군." 루가 억지 미소를 지으며 말했다.

유수프는 아랍인으로 도저히 동업을 할 수 없으리라 여겨지는 유태인 동료와 함께 아리조나 사막에서 치료 프로그램을 운영하고 있었다. 그는 1960년대에 고향 예루살렘을 떠나 요르단을 거쳐 미국에 이민을 왔다. 애초에 미국에 온 목적은 대학 교육을 위해서였지만, 결국에는 이곳에 터를 잡아 아리조나 주립 대학에서 교수로 일을 하게 되었다. 그가 현재 프로그램을 같이 꾸려나가는 동료 아비 로젠(Avi Rozen)을 만난 것은 1978년 여름이었다. 당시 아비 로젠은 어리고 냉소적인 학생이었다. 아비는 1973년 욤 키푸르 전쟁으로 아버지를 잃고 나서 새로운 생활을 위해 미국으로 건너왔지만, 학교 생활에 잘 적응하지 못해 낙제점을 받고 있었다. 당시 아리조나 대학은 아비를 비롯해 학점 때문에 고생하는 다른 학생들을 구제하기 위해 긴 여름 방학 동안 깊은 숲과 사막에서 생활하며 학교 생활과 성적을 개선할 수 있는 기회를 주고 있었다. 당시 프로그램 책임자였던 유수프는 아비보다 15살이 많았었다.

프로그램은 40일 동안 진행되었고, 유수프나 아비와 같은 시대에 학교를 다닌 사람들에게는 어린 시절부터 익숙해져 있던 방식으로 아리조나 대학생들에게 새로운 경험을 주었다. 프로그램이 진행되던 40

일 동안 두 사람은 가까워졌다. 이슬람인과 유태인으로서, 두 사람은 토지(어떤 경우에는 같은 땅)를 신성한 것으로 여겼다. 종교상의 차이점이나 그들 민족들을 분열시키는 싸움에 상관없이 흙에 대한 공통된 존경심은 점차 서로에 대한 존경심으로 변했다. 이것이 루 허버트가 유수프에 관해 들은 이야기였다.

사실, 루는 유수프와 아비의 관계에 대해서 냉소적이었다. 두 사람의 관계는 행복해 보이도록 포장한 것뿐이며, 그들의 이야기는 프로그램 홍보용으로 여겨질 뿐이었다.

'과거에는 적이었으나 지금은 평화롭게 가족을 부양하고 있는 두 남자에게 힐링을 받으시오' 라는 홍보성 문구로만 보였다. 유수프와 아비의 이야기에 대해 더 많이 생각할수록, 그는 두 사람의 이야기를 점점 더 믿지 않게 되었다. 하지만 루는 캠프 모리아라 불리는 이곳에서 풍기는 중동지역의 묘한 분위기 때문에 그가 가족과 함께 이곳으로 왔다는 사실을 자신은 모르고 있었다.

사실 루에게는 이곳에 오지 않아도 될 이유가 많았다. 최근에 그의 회사에서 임원 다섯 명이 한꺼번에 퇴사를 하는 바람에 회사 전체가 혼란에 빠져 있었다. 이런 상황에서 유수프와 아비가 요구하는대로 이곳에 오기 위해 회사를 이틀이나 쉬어야만 한다면, 차라리 골프 코스나 풀장 근처에서 느긋한 시간을 보내는 것이 나았던 것이다.

"우리를 이렇게 도와주셔서 감사합니다." 루는 겉으로 짐짓 고마운 체 하며 유수프에게 말했다. 하지만 곁눈질로는 제니를 계속 바라보고 있었다. 제니는 계속 흐느끼다 소리 지르는 일을 반복하며 아버지를 붙잡고 저항하고 있었다.

"여기서 할 일이 많으실 것 같습니다."

유수프는 미소를 지으며 말했다. "네, 그런 것 같습니다. 부모들은 자녀를 따라 캠프에 오는 이런 경우에 굉장히 예민해지죠."

'아니, 부모들이라니? 히스테리를 부리는 건 저 애잖아.' 루가 유수프의 말에 막 반박하려 할 때 유수프는 코리와의 대화를 시작했다.

"네가 코리로구나."

"그런 것 같네요."

코리가 건성으로 대답했다. 루가 꾸짖기 위해 코리의 팔을 손가락으로 세게 움켜잡자, 코리는 고통을 참기 위해 팔에 힘을 주었다.

"만나서 반갑다." 코리의 어조를 전혀 눈치채지 못한 듯 유수프가 친근하게 말했다.

"널 이렇게 만나길 고대하고 있었단다. 하지만 코리는 여기 오는 게 썩 내키지 않았을 거야."

코리는 아무 대답이 없었다.

"맞아요, 싫었어요." 코리는 꽉 움켜쥔 루의 손에서 팔을 빼내 반사적으로 문지르며 건성으로 대답했다.

"너를 탓하지 마라. 조금도." 유수프는 먼저 루를 본 후, 코리를 보며 말했다. "하지만 이거 아니? 만약 네가 이곳이 싫다고 하는 기분을 오랫동안 느낀다면 난 좀 놀랄 것 같다. 물론 그렇게 느낄 수도 있겠지만 말이야." 그는 코리의 등을 다독이며 말했다. "난 네가 여기에 와서 기쁠 뿐이야, 코리."

"알았어요. 당신이 그렇다면 그런 거겠죠." 코리가 툭 던지듯이 대답했다.

루는 코리에게 화난 눈짓을 보낸 후, 유수프를 바라보며 다시 억지로 미소를 지었다.

루의 눈을 바라보며 유수프가 말했다.

"루, 당신도 이곳에 있는 걸 썩 달가워하는 건 아니죠. 그렇죠?"

"아니요, 그 반대입니다." 루는 감정을 감추기 위해 흔히 쓰는 아부성 멘트를 했다. "저희는 이곳에 오게 돼서 너무 좋습니다."

캐롤은 그의 말이 사실이 아니라는 것을 안다. 하지만 아들을 위해 그는 이곳에 와야만 했고, 캐롤은 루가 그렇게 하도록 했다. 루는 불편을 감수해야만 하는 상황에 처하면 처음에는 투덜거리다가 결국에는 불편을 감수하는 쪽으로 결정을 내리곤 한다. 이것이 루의 장점이었고, 캐롤은 그러한 장점만 보려 애쓰곤 했다.

"우리는 여러분께서 이곳에 오셔서 기쁩니다." 유수프가 루에게 대답을 한 후 캐롤에게 얘기를 건넸다. "다른 사람 손에 아이를 맡기는 어머니들의 심정은 잘 알고 있습니다. 코리를 우리에게 맡겨 주셔서 감사합니다."

"고마워요, 유수프 씨. 그런 말을 들으니 큰 안심이 되는군요." 캐롤이 말했다.

"그게 우리의 솔직한 마음입니다." 유수프는 다시 코리에게로 몸을 돌렸다.

"코리, 날 유수프라고 불러줬으면 좋겠구나. '유시'라 불러도 괜찮

아. 이곳 아이들은 날 그렇게 부르거든."

코리는 그를 시큰둥한 얼굴로 힐끗 바라보며, 가볍게 고개를 까닥거렸다. 잠시 후, 캐롤과 루는 코리가 다른 아이들과 함께 한 달 동안 머물 황야로 떠나기 위해 차에 오르는 것을 지켜보았다. 제니만 차에 오르지 않았다. 제니는 아버지가 그녀를 황야에서 지내게 할 것이라는 사실을 알게 되자 마자, 곧장 길 건너편으로 도망가서 콘크리트 바닥에 주저 앉았다. 루는 제니가 아무것도 신지 않은 맨발이라는 것을 알아챘다. 루는 아리조나의 아침 공기가 휘감고 있는 떠오르는 태양을 쳐다보았다.

'머지않아 달아난 걸 후회하겠군. 루는 생각에 잠겼다.

제니의 부모는 어찌해야 할 지 모르는 것 같았지만, 잠시 후에 그들은 제니를 한 번 힐끗 보고는 건물 안으로 들어가 버렸다. 제니는 그런 부모의 모습을 보며 더욱 큰 소리로 악을 써댔다.

루와 캐롤은 주차장에서 다른 부모들과 인사를 하고 이런 저런 얘기를 나누었다. 텍사스주 달라스에서 온 남자 페티스 머레이, 오레곤 주코발리스에서 온 로페즈 부부, 런던 출신 엘리자베스 윙필드와 통성명을 했다. 엘리자베스는 객원교수로 중동지역 전문가인 남편의 직장 때문에 캘리포니아 주 버클리에 살고 있었다. 그녀 역시 캠프 모리아 설립자들의 이야기에 호기심을 느끼고 있었으며, 이곳에 오게 된 것이었다. 그녀는 영국에서 올 여력이 안되는 동생 부부를 대신해 온 것이었을 뿐 조카 일에는 별 관심이 없는듯 했다. 캐롤은 다양한 곳에서 사람들이 온 것에 대해 몇 마디 언급을 하였지만 사람들은 단지 고개를 가볍게 끄덕이며 미소를 지었다. 그러나 어느 누구도 대화에 관심을 두지 않았다. 부모들은 차에 타고 있는 자기 자녀들에게만 관심이 있었으며, 연신 차를 쳐다보고 있었다. 하지만 루는 왜 사람들이 제니에 대해 전혀 신경을 안 쓰는지가 더 큰 관심거리였다.

루는 유수프에게 차가 출발할 수 있도록 제니에게 어떤 행동을 취하라고 말할 참이었다. 하지만 바로 그 때, 유수프는 함께 얘기를 나누던 남자의 등을 가볍게 툭툭 치고는 제니 쪽을 향해 걷기 시작했다. 제니는 그가 다가오는 것을 알아차리지 못했다.

"제니, 괜찮아?" 그가 제니에게 소리쳤다.

"어떨 것 같아요?" 제니는 날카롭게 대꾸했다. "날 억지로 보낼 순 없어요. 절대 안돼요."

"네 말이 맞다, 제니. 우린 그렇게 못해. 그렇게 하지도 않을 거야. 갈지 안 갈지는 네가 결정하렴."

루는 차에 타고 있는 코리가 유수프의 말을 못 들었기를 바랐다. 그리고는 속으로 생각했다. '당신은 코리를 강압적으로 가게 하지 못할지 모르지만 난 할 수 있어 그리고 법원에도 그럴거야.'

유수프는 잠시 동안 아무 말 없이 차들이 지나는 길 건너에 있는 제니를 바라보며 가만히 서 있었다. 제니는 몹시 조용했다.

"내가 그리로 가도 괜찮겠니, 제니?" 제니는 아무 대답도 하지 않았다.

"내가 그리로 갈 테니 얘기 좀 하자꾸나." 망설임 없이 유수프는 길을 건너, 제니 옆 보도 위에 앉았다. 루는 그들이 나누는 얘기를 듣기 위해 귀를 쫑긋 세웠지만, 거리가 먼 데다 지나다니는 차들의 소음으로 아무 말도 들을 수가 없었다.

"자, 이제 모두들 이리로 들어오세요."

루는 목소리가 들리는 쪽을 쳐다보았다. 키가 작고 배가 좀 나온 동안의 한 남자가 건물 문 앞에 서 있었다. 루는 그의 함박 웃음이 다소 과장된 웃음이라고 생각했다. 머리 숱이 많은 탓에 얼굴이 실제 나이보다 젊어 보였다.

"괜찮으시면 어서들 들어오세요. 이제 시작해야 할 것 같거든요." 남자가 말했다.

"애들은 어쩌고요?" 루가 가만히 서 있는 차를 가리키며 물었다.

"금방 출발할 거예요. 모두들 아이에게 인사는 하신 거죠?"

부모들은 고개를 끄덕였다.

"잘됐군요. 그럼 어서들 이쪽으로 오세요."

루는 마지막으로 차를 한 번 더 쳐다보았다. 코리는 똑바로 앞을 쳐다보고 앉은 채 어느 누구에게도 관심을 보이지 않았다. 캐롤은 다른 부모들이 건물 안으로 들어가는 동안 눈물을 흘리며 코리를 향해 손을 흔들었다.

"아비 로젠입니다" 덥수룩한 머리의 아비가 루에게 손을 내밀었다.

"루 허버트와 캐롤 허버트요." 루는 직원들에게 말하듯 사무적이고 달갑지 않은 목소리로 인사를 했다.

"반갑습니다, 루. 반갑습니다, 캐롤." 아비는 활기차게 인사했다.

루와 캐롤은 다른 부모들과 함께 계단을 올라갔다. 이틀 간은 이곳에서 머물 예정이었다. '이틀 동안 이곳에서 지내보면 이들이 코리를 어떻게 바꿔놓을지 알게 되겠지.' 루는 의심스러운 눈길로 아비를 바라보며 생각했다.

• 주요인물

    루 허버트와 캐롤 (부부) – 코리 (자녀). 제니와 그의 부모

    유수프와 아비 로젠 (캠프 모리아)

    페티스 머레이 (달라스)

    미구엘 로페즈와 리아 로페즈 부부(오레곤)

    엘리자베스 윙필드(런던)

02

•

더 중요한
문제

루는 방 안을 둘러보았다. 열 개 남짓한 의자가 U자 모양으로 배열되어 있었다. 루는 그 중 첫 번째 의자에 앉았다. 제니의 부모가 앉은 맞은편 자리였다. 제니 어머니의 얼굴은 수심으로 가득 차 있었고 목과 얼굴에는 제니가 할퀸 빨간 자국들이 가득했다. 제니 아버지는 멍하니 바닥만 내려다보고 있었다. 그들 뒤에는 지나치게 차려 입은 엘리자베스 윙필드가 차를 마시고 있었다.

한편, 댈러스에서 온 페티스 머레이는 루의 오른편으로 몇 좌석 떨어진 자리에 앉아 있었다. 루는 그가 회사 임원일 거라고 짐작했다. 꼿꼿이 든 머리와 단단한 턱을 가진, 영리하고 조심성 있어 보이는 남자였다. 페티스 옆에는 그와 완전 정반대로 보이는 이미지의 남자가 앉아 있었다. 미구엘 로페즈는 몸집이 큰 남자로 턱수염과 구레나룻이 너무 무성해 머리에 묶은 띠 덕분에 얼굴의 일부가 간신히 보일 지경이었다. 그러나 그의 부인 리아 로페즈는 그와 전혀 다르게 155cm 정도 되는 키에 호리호리한 몸매를 갖고 있었다. 주차장에서 미구엘이 묵묵히 서 있는 동안, 그녀는 어느 누구보다도 수다스러웠다. 리아는 루를 보자 입꼬리에 살짝 미소를 지으며 인사를 했다. 루도 그녀에게 살짝 고개를 끄덕이고는 계속 방을 둘러보았다. 방 뒤편에는 루가 처음 보는 흑인 여성이 조용히 앉아 있었다. 40대 중반쯤일 거라고 루는 생각했다. 다른 부모들과 달리 그녀는 아이를 배웅하러 밖으로 나오지 않았다. 루는 그녀가 아이를 데리고 온 건지, 이곳에서 일을 하는 건지, 아니면 다른 이유로 이곳에 온 건지 궁금했다. 루는 가슴팍 언저리에 팔짱을 느슨하게 끼고는 방의 정면을 향해 몸을 돌렸다. 그는 시간 낭비하는 걸 아주 싫어했고, 그의 눈에는 다른 이들은 멍하니 있는 것처럼 보였다.

"모두들 와 주셔서 감사 드립니다." 아비 로젠이 방으로 들어오며 말했다.

"저는 아이들을 걱정하고 계시는 부모님들을 직접 만나뵙고 싶었습니다. 특히 제니의 부모님을 뵙고 싶었죠. 여기에 오셨다는 것만으로 아이들에 대한 여러분의 사랑이 입증된 것입니다. 너무 염려하지 마십시오. 이곳에서 아이들을 잘 돌볼 테니까요." 잠시 멈춘 뒤에 그가 말을 이었다.

"사실, 제가 가장 걱정하는 건 아이들이 아닙니다."

"그럼 누구를 걱정하시죠?" 리아가 물었다.

"리아를 포함한 여러분들요. 부모님 여러분 모두요."

"우리요?" 루가 놀라서 되물었다.

"그렇습니다." 아비는 미소 지었다.

루는 공격에 대해 결코 뒤로 물러서는 타입의 사람이 아니었다. 베트남 전쟁에서 그는 해병대 상사로 복무했고, 그곳에서의 소름 끼치는 경험은 그를 강인하고 공격적인 사람으로 만들었다. 루의 부하들은 그를 '지옥의 허버트' 라고 불렀다. 그의 강인하고 성급한 성격과 부대원들을 향한 그의 물불을 가리지 않는 헌신 때문이었다. 부대원들은 그를 두려워하면서도 존경했다. 물론 루는 같이 휴가를 보내고 싶은 유쾌한 타입의 사람은 아니었지만, 그가 이끈 부대의 사망자는 해병대 전체에서 다른 어떤 부대보다 가장 적었다.

"왜 우리가 당신의 주된 관심사라는 거요?" 루가 노골적으로 물었다.

"왜냐하면 여러분은 부모로서 자신에게 문제가 있다는 것을 모르니까요." 아비가 대답했다.

루는 아비를 모욕하지 않으려 애쓰며 정중하게 웃었다. "그토록 빙빙 돌려서 말씀하시다니 너무 황송하네요."

다른 부모들은 두 사람이 대화를 나누는 모습을 마치 흥미로운 테니스 경기를 보듯 바라보고 있었다. 모두들 아비가 어떤 반응을 보일지 기다렸다. 아비는 루의 말에 미소를 지으며 잠시 바닥을 내려다 보았다.

"코리에 대해 얘기해주세요, 루. 코리는 어떤 아이죠?"

"코리요?"

"네."

"훌륭한 재능을 갖고 있으면서도 인생을 낭비하고 있는 아이죠."

루는 아무 감정 없는 목소리로 대답했다.

"하지만, 멋진 아이예요." 캐롤이 조심스레 루를 바라보며 덧붙였다.

"실수를 좀 하긴 했어도 근본적으로는 좋은 아이예요."

"좋은 아이라고?" 루는 그 덤덤하던 말투를 버리고 냉소적으로 물었다.

"걔는 중범죄자야, 젠장. 두 번이나 감옥에 다녀왔다고! 본성이 좋다 하더라도, 그것만으로 그 아이를 착하게 만들 수는 없어. 코리가 그렇게 좋은 아이였다면 우리가 왜 여기 와 있겠어!"

루의 말에 캐롤은 입술을 깨물었다. 다른 부모들도 그의 그런 말투에 심기가 불편해졌다. 루는 그들이 불편해하고 있다는 것을 알아차리고, 몸을 앞으로 숙이며 말을 이었다.

"이렇게 노골적으로 말해서 미안합니다. 하지만 저는 우리 아들을 축하해주러 이곳에 온 게 아닙니다. 솔직히 이 정도는 점잖게 화를 낸 거요."

"아 그래요, 괜찮으시다면 저에게는 관대함을 보여주시죠." 엘리자베스가 약간 빈정거렸다.

"그러죠, 사과 드립니다. 여사님." 루는 그녀에게 살짝 미소를 지었다.

"루의 말이 맞습니다." 잠시 후, 아비가 말했다. "여러분들이 여기 모인 이유는 여러분의 자녀들이 그동안 올바른 선택이 아닌 잘못된 선택을 했기 때문입니다."

"그게 바로 내가 하고 싶었던 말이오." 루가 아비 말에 동의하며 고개를 끄덕였다.

아비는 루의 대꾸에 미소 지었다. "그렇다면, 해결책이 무엇일까요? 지금 여러분들이 가정에서 겪고 있는 문제를 어떻게 하면 개선시킬 수 있을까요?"

"그거야 쉽죠." 루가 분명하게 말했다.

"우리가 이곳 캠프 모리아에 모인 이유는 우리 아이들에게 문제가 있기 때문이잖소. 아이들이 그들의 문제를 극복하도록 도와주는 곳이잖아요. 내 말이 맞지 않습니까?"

캐롤은 루의 노골적인 어조에 화가 났다. 그는 마치 지금 이사회에 있는 듯, 귀에 거슬리는 공격적인 어조로 말을 하고 있었다. 루는 절대 이런 말투로 캐롤에게 얘기를 건넨 적은 없었지만, 지난 몇 년간 코리에게는 그랬다. 캐롤은 루와 코리가 마지막으로 진정한 대화를 나눈 게 언제인지 기억할 수가 없었다. 두 사람이 대화를 할 때는 마치 말로 씨름을 하듯, 상대가 할 말을 예상하면서 상대를 굴복시킬 수 있는 약점을 찾는 듯 했다. 그러다 결국에는 둘 중 어느 하나가 이기기 보다, 팽팽한 접전 상태에서 얘기가 끝나곤 했다. 제대로 상대를 설득시키지 못하면서도 둘은 각자 자신의 말이 맞다고 믿고 있었다. 그럴 때마다 캐롤은 어릴 적 기독교인 부모님에게서 배운 대로 기도를 드렸다. 루의 노골적인 말에도 아비는 선량한 웃음을 지었다. "그럼 바로 코리가 문젯거리로군요. 당신 말대로라면요."

"그렇소."

"코리한테는 좀 고쳐야 할 점이 있습니다. 태도를 바꾸고, 삶에 의욕을 갖고, 규율을 익히고요."

"그렇죠. 그런데 그렇게 해 보셨습니까?"

"뭘 해 본단 말이오?"

"코리를 그런 식으로 변화시키는 거요."

"물론이오."

"효과가 있었나요? 코리가 변화되었나요?"

"아직은 아니죠. 그래서 여기 온 거잖소. 아이가 아무리 고집이 세다 한들 언젠가는 분명히 변하게 될 거요. 어떤 식으로든 말이오."

"그럴 수도 있겠죠." 아비가 무덤덤하게 말했다.

"여기서 고칠 자신이 없나 보죠?" 루가 회의적으로 물었다.

"그러려면 조건이 하나 필요합니다."

"무슨 조건이요?"

"바로 당신입니다."

"다음 두 달 동안 우리 아이를 바꿔놓을 사람은 당신인데, 왜 내가 우리 아이를 변화시킬 조건이 되어야 하는 거요?"

"코리와 평생 같이 살아갈 사람은 당신이니까요." 아비가 말했다.

"만약 코리가 우리의 도움을 받아 멋진 아이로 바뀐 채 이곳을 떠나더라도, 주변 사람들이 변하지 않은 채로 예전과 똑같다면, 코리는 결국 예전처럼 될 것입니다. 유수프와 나는 한시적으로 도움을 줄 수 있을 뿐입니다. 당신과 캐롤 뿐만 아니라 다른 부모님들도 다 마찬가지입니다." 아비가 말을 이었다.

"바로 여러분들이 아이들에게 가장 중요한 도움을 줄 사람들입니다."

'어처구니가 없군. 완전 시간 낭비겠어.' 루는 속으로 아비의 말을 비웃었다.

"코리가 변하기를 바란다고 하셨죠?" 생각에 잠겨있던 루에게 누군가 갑자기 말을 건넸다. 유수프였다.

"그렇소." 루가 그를 보며 대답했다.

"당연히 그러셔야죠. 하지만 진정으로 그렇게 되는 걸 원하신다면, 꼭 알아두어야 할 게 있습니다." 유수프가 말했다.

"그게 뭐죠?"

"만약 코리를 변화시키려 한다면, 당신 생각과 마음속에 무언가가 우선 변해야 합니다."

"그래요?" 루가 반박했다. "그게 뭐요?"

유수프는 화이트 보드 쪽으로 걸어갔다.

"그림으로 설명드리죠." 유수프가 말했다.

"내일쯤이면, 다른 사람을 변화시킬 수 있는 자세한 방법을 체계화하게 될 것입니다. 그 방법은 우리가 영향력 피라미드라고 부르는 표로 설명될 것입니다. 우리가 아직 피라미드를 어떻게 만들지 구체적으로 생각하지 못했기 때문에, 지금은 이런 간단한 모양만 그리겠습

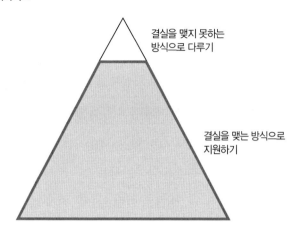

결실을 맺지 못하는
방식으로 다루기

결실을 맺는 방식으로
지원하기

니다. 이 전체적인 구조는 우리가 다른 사람을 변화시키고자 한다면, 반드시 일어나야만 하는 근본적인 변화를 발견하는데 도움이 될 것입니다.

"난 도무지 모르겠소. 무슨 근본적인 변화 말이오?" 루가 말했다.

"피라미드 안의 두 면적을 보시지요." 유수프가 권유했다.

"'변화의 결실을 맺는 방식으로 지원하기'라고 적은 큰 면적을 보세요. 이에 비해 '변화의 결실을 맺지 못하는 방식으로 다루기'라는 작은 부분도 같이 보시고요."

"그러죠." 루는 대체 피라미드가 무슨 의미를 가졌는지 의아해하며 대답했다.

유수프는 계속 말했다. "이 피라미드는 '결실을 맺지 못하는 방식으로 다루기'보다 '결실을 맺는 방식으로 지원하기'에 더 많은 시간과 노력을 들여야 한다는 사실을 나타내고 있습니다. 하지만 사실 사람들은 이와 반대로 하고 있죠. 다른 사람들과 보내는 많은 시간들은 거의 대부분 결실을 맺지 못하는 방식을 다루는데 사용하고 있습니다. 아이들의 잘못이나 문제를 고치려 하고, 배우자를 바꾸려 하고, 직원들을 바로 잡으려 하고, 우리가 원하는 대로 행동하지 않는 사람들을 지적하고 훈계하려 합니다. 실제로 이런 일들을 하지 않을 때는 그렇게 해야겠다고 생각하거나 그런 행동을 실제로 하는 것에 대해 걱정을 하기 마련입니다. 제 말이 맞습니까?"

유수프가 대답을 기대하며 방안을 둘러보았다.

"한 예를 들어보죠. 루, 코리를 비난하거나 바로 잡으려 하는데 많은 시간을 보내고 있습니까?"

루는 그의 질문을 곰곰이 생각해보았다. 물론 그 말이 사실이긴 했지만, 그렇게 쉽게 인정하고 싶지는 않았다.

"그래요, 맞는 말씀을 하셨어요." 캐롤이 루 대신 대답했다.

"고맙기도 하셔라." 루가 낮은 목소리로 중얼거렸다. 캐롤은 그의 말을 무시한 채 정면만 똑바로 바라보았다.

"저 자신도 그런 행동을 하고 있습니다." 유수프가 루의 체면을 세워주며 말했다.

"우리가 잘못을 바로 잡으려고 하는 문제들과 맞닥뜨리면 누구라도 그런 행동을 하게 됩니다. 하지만 문제는 다른 사람들과 함께 일을 할 때는 이런 행동이 별 도움이 안 된다는 겁니다. 또 다른 예를 들어보면, 뾰로통해 있는 아이들, 수심에 잠긴 배우자, 투덜대는 동료들을 무조건 바로 잡으려는 건 별 도움이 안 됩니다. 다른 말로 하자면, 삶에서의 대부분의 문제들은 단순히 바로 고치려는 것 만으로는 해결되지 않는다는 겁니다."

"그럼 어떻게 해야 합니까?" 루가 물었다. "유수프, 만약 당신 아이가 마약을 하고 있다면 어떻게 하시겠습니까? 그냥 무시할 건가요? 그런 아이라도 강제로 바꾸지 말라고 말씀하시는 건가요?"

"그럼 비교적 덜 극단적인 경우를 생각해 보도록 하죠." 유수프가 대답했다.

"덜 극단적인 경우요? 그건 바로 내 경우요! 내가 실제로 겪고 있단 말이요!"

"맞습니다, 하지만 그 문제만 갖고 계신 건 아니죠. 당신과 캐롤은 마약은 안 하지만, 두 사람 사이에 아무 문제가 없다고는 말할 수 없을 것 같은데요."

유수프의 말에 루는 전날 비행기를 타고 오는 동안 캐롤이 내내 침묵했던 것을 생각했다. 그녀는 루가 코리를 다루는 방식을 좋아하지 않았고, 침묵으로 그녀의 불만을 나타냈던 것이다. 사실 그녀는 침묵 속에 울고 싶은 마음을 숨기고 있었다. 루는 그녀의 침묵이 무엇을 의미하는지 알고 있었고 내색하지는 않았지만 그런 그녀의 태도를 싫어했다. 그는 아들로 인해 자신이 충분히 곤란을 겪었기 때문에, 그녀의 조용하고 눈물 어린 설교를 들어야 할 이유가 없다고 생각했다.

"저와 제 아내 리나와의 사이도 완벽한 건 아닙니다." 유수프가 말했다.

"그런데 어느 날 이런 사실을 깨닫게 되었습니다. 리나가 제게 무슨 이유로 화가 나 있을 때, 그녀를 비난하려 들거나 고치려 드는 건 문제를 해결하는 최악의 행동이란 겁니다. 그녀가 화를 낼 때는 나름대로 이유가 있는 거지요. 제가 보기에 틀렸거나 터무니없는 이유로 그녀가 그럴 때에도, 저는 한 번도 싸움을 통해 그녀가 말도 안 되는 이유로 화를 내고 있다는 사실을 인정하게끔 한 적은 없습니다."

그는 루와 캐롤을 바라보았다. "두 분은 어떤가요? 서로 상대방을 바꾸려던 노력이 효과가 있었나요?"

"아닌 것 같소." 루가 마침내 대답했다. "대개는 도움이 안 되었소."

"그래서 삶 속에서 일어나는 많은 문제들에 대한 해결책은 단순히 훈계를 한다거나 교정하려고 노력하는 우리의 행동보다는 더 깊은 곳에 해결책이 존재하는 것입니다."

"그럼 이제 좀 더 어려운 문제에 대해 얘기해 보죠." 유수프가 말을 이었다. "만약 아이가 매우 해로운 것, 예를 들면 마약 같은 걸 한다면 어떻게 해야 할까요? 아이를 바꾸려 들지 말아야 할까요?"

"바로 내 문제군요." 루가 고개를 끄덕였다.

"그 질문에 대한 답은 물론, 그렇게 해야 한다는 겁니다."라고 유수프가 말했다. 그의 말에 루는 너무도 놀라, 유수프에게 반박하려던 말을 속으로 꿀꺽 삼켜버렸다.

"만약 제가 아이를 다룰 때 아이를 바꾸려고만 드는 사람이라면 전 아이에게 차라리 아무 행동도 안 할 겁니다." 루는 그의 대답에 할 말을 잃고 눈썹을 찡그렸다. 아랑곳 않고 유수프가 말을 이었다.

"결실을 맺지 못하는 방식에 집중하여 단순히 교정하려고 하는 것보다 결실을 맺는 방식으로 도와주다 보면 상대방 스스로가 변화를 일으키게 됩니다. 예를 들면 잘못을 단순히 바로 잡는 것보다 상대방의 필요사항에 대해 작은 도움주기, 그의 말을 먼저 경청하기, 그들의 고민이 무엇인지 배우기에 보다 노력과 에너지를 집중할 필요가 있습니다. 더불어 관계를 형성하는데 필요한 시간과 노력을 투자해야 합니다. 만약 제가 피라미드 하단에 적은 '결실을 맺는 방식으로 지원하기'에 관련된 행동을 하지 않는다면 ' 결실을 맺지 못하는 방식으로 다루기'부분에서의 행동도 제대로 할 수 없을 겁니다. "

"예를 들어, 제니는 지금 벽에 기대선 채 다른 아이들과 함께 가는 것을 거부하고 있습니다." 유수프는 말을 계속 이었다.

'아직도?' 루는 속으로 생각했다.

"제니는 프로그램에 참가할 생각이 전혀 없습니다." 유수프가 말했다.

"사실 이해할 만 합니다. 어느 17살 여학생이 40일 동안이나 딱딱한 바닥에서 잠을 자고 직접 음식을 만들어 먹고 옥수수 죽과 같은 것을 먹으며 지내려 하겠습니까?"

"아이들이 그런 생활을 하게 되나요?" 리아가 물었다.

"음, 비슷합니다." 유수프가 미소 지었다. "아주 원시적인 생활은 아니지만요."

"하지만 어느 정도는 비슷하죠." 아비가 싱긋이 웃으며 참견하였다.

"자, 그럼 제니를 어떻게 해야 할까요?" 유수프가 물었다. "훈계를 한다거나 거부하는 행동을 무작정 바꾸려는 시도는 별 도움이 안 되고 있습니다. 그렇다는 건 인정하시죠?"

"잘 모르겠소." 루는 이제 반사적으로 유수프의 말을 따지고 들었다. "만약 나라면, 제니한테 가서 차 뒷좌석에 앉으라고 얘기를 하겠소."

"정말 당신한테 어울리는 신사다운 행동이로군요." 엘리자베스가 빈정거렸다.

"만약 제니가 거부하면요?" 유수프가 물었다.

"그럼 억지로 타게 만들어야겠죠."

"하지만 캠프 모리아는 선택의지를 존중하는 조직이라 그렇게 시킬 권리도 없고 오기 싫어하는 아이들을 억지로 참가시켜 문젯거리를 만들 생각도 없습니다. 학생들에게 이곳에 들어오라고 강요하지는 않습니다." 유수프가 대답했다.

"그게 바로 문제요." 루가 말했다.

"네, 사실 그렇습니다." 유수프가 동의했다. "이와 같은 문제는 가정에서도 일어납니다. 그리고 국가들 간에도 그런 문제가 발생하고요. 우리 모두는 우리가 원하는 대로 행동하지 않는 자율적인 사람들에 둘러싸여 살아가는 겁니다."

"그런 문제가 생기면 어떻게 하실 건가요?" 리아가 물었다.

"행동 이면에 있는 보다 심층적인 문제를 잘 해결하는 겁니다. 즉,

'결실을 맺는 방식으로 지원하기'에 더 집중하는 겁니다."

"그럼 어떻게 그런 일을 잘 할 수 있는 건가요?" 리아가 다시 물었다.

"바로 그 부분에 관해 앞으로 이틀 동안 논의하게 될 겁니다." 유수프가 대답했다. "약 900년 전의 사례를 통해 그 문제에 대해 이야기해보죠."

03

전쟁 중에서도
피어나는 평화

"1099년 6월에" 유수프가 말을 이어갔다. "서방에서 온 십자군이 예루살렘을 공격했습니다. 단 40일 만에 북쪽 벽을 뚫고 들어가 도시 안으로 진격해갔습니다. 도시 안에 살던 이슬람 인들 대다수를 단 이틀만에 학살하고는, 몇 명 안되는 생존자들을 시켜 시신을 옮겨 산처럼 쌓아 놓고 불태우도록 했습니다. 결국에는 이 생존자들마저도 학살하거나 노예로 삼았습니다.

"유대인 사망자 수도 많았습니다. 유대인 구역에 거주하던 사람들은 유대 교회로 도망쳤습니다. 그러나 십자군은 교회 입구를 막고 주위에 나무를 쌓아 올려 불을 붙였습니다. 대부분이 타 죽었고 몇 사람은 간신히 도망을 쳤지만, 이들마저 도망치던 좁은 도로 위에서 무참히 학살당했습니다. 그들은 기독교 성지 구역에서 집전했던 기독교 성직자들에게도 잔혹한 행동을 했습니다. 성직자들을 추방하거나 고문하기도 하고, 귀중한 유물을 빼앗은 뒤 유물이 있던 장소는 강제로 폐쇄시켰습니다. 이로써 서방과 중동 간에 거의 2백 년에 걸친 전쟁이 시작되었습니다. 많은 중동 사람들은 현재 일어나는 전쟁이 성지를 둘러싼 과거에 일어났던 성지 탈환 전쟁의 연장이라 생각하고 있습니다. 서방 세력을 십자군 침략자들로 보고 있는 거죠."

엘리자베스가 불쑥 끼어들었다. "이 방의 유일한 유럽인으로서, 잠시 십자군에 관한 설명을 덧붙여도 될까요?"

"그렇게 하시죠. 부탁 드립니다."

"십자군 전쟁에 대해서 많이 아는 건 아니에요. 우선, 예루살렘의 역사를 이해하는 게 중요해요. 로마가 서기 70년에 예루살렘을 약탈할 때까지 그것은 쭉 유대인들의 땅이었어요. 예수의 죽음 이후에 기독교인들은 예수의 복음을 지역 전체에 전파하기 시작했고요. 결국 기독교는 로마 제국의 공식 신앙이 되었고, 예루살렘을 포함한 전 지역에 빠르게 퍼져나갔어요. 서기 638년에, 이슬람 인들이 약탈할 때까지 예루살렘은 3백 년 동안이나 기독교 도시였어요. 그래서 제 1차 십자군 기사들은 빼앗긴 것을 다시 찾아야겠다는 생각으로 예루살렘을 약탈한 거죠. 하지만 그들이 싸우고 있던 이슬람인들도 예루살렘은 당연히 그들 것이라고 믿고 있었죠."

"하지만 그렇다고 해서 그들이 저지른 잔혹한 행동이 정당화되진 않아요." 페티스가 끼어들었다.

"그럼요." 엘리자베스가 동의했다. "정당화되진 않죠."

"하지만 생각해봐요." 루가 말했다. "십자군들만 잔혹했던 건 아니잖소. 이슬람 인들의 손도 피로 물들었었소."

"그랬나요?" 페티스가 물었다. " 난 십자군 역사에 대해서는 모릅니다. 좀 더 듣고 얘기해 주시죠."

유수프는 말을 계속 이어갔다.

"1099년에 예루살렘을 정복한 후, 십자군은 중동 지역의 해안가 지역 대부분을 장악하고 그 지역들을 80년 동안이나 통치했습니다. 이것은 이슬람 군대와 정치 지도자들간의 분열과 내분 덕에 가능한 일이었습니다. 그러나 시리아의 민족들을 통일시킨 누르 앗딘(누레딘) 세력이 커짐에 따라 상황은 변하기 시작했습니다. 그가 사망한 이후, 살라 알 딘 유수프하에서 이슬람 인들의 저항은 점점 거세져 갔습니다. 서방에서는 그를 간단히 '살라딘'이라 부르죠. 살라딘은 시리아, 이집트 지역에 있던 이슬람 민족을 통일시켰습니다. 그리고 마침내 1187년에 예루살렘을 탈환했습니다. 군사, 정치 모든 면에서 살라딘은 그 시대에 가장 성공적인 지도자였습니다. 그의 업적이 너무나 놀랍고 절대적이어서 역사학자들은 간혹 그의 그런 업적을 행운 탓으로 돌리기도 합니다만, 제가 살라딘을 연구해 보니까, 행운보다는 훨씬 깊이 있는 이유로 업적을 이루었다는 것을 확신하게 되었습니다. 처음에는 그 이유가 전쟁과는 아무 관련이 없는 것처럼 보였습니다."

"그 이유가 뭐죠?" 페티스가 물었다.

"그걸 이해하시려면" 유수프가 대답했다. "살라딘을 좀 더 이해하셔야 합니다. 한 일화를 들려드리죠. 어느 날, 그의 군대 정찰병들이 살라딘에게 울고 있는 한 여인을 적진으로부터 데리고 왔습니다. 그녀가 정신없이 그들에게 살라딘에게 데려다 달라고 부탁했기 때문이었습니다. 그녀는 살라딘 앞에 엎드리고 말했습니다. '어제 이슬람 도둑들이 제 텐트에 침입해 제 어린 딸을 훔쳐갔습니다. 저는 그 아이를 다시 볼 수 없을 거란 생각에 밤새도록 울었습니다. 하지만 저희 지역 지휘관이 이슬람인의 왕인 당신은 자비로운 분이라고 했습니다.' 여인은 그에게 도움을 간청했습니다.

살라딘은 그녀의 눈물에 감동을 받았고 즉시 군인들을 노예 시장으로 보내 여인의 딸을 찾게 하였습니다. 한 시간도 안 돼 그들은 딸을 찾아냈고, 그녀에게 되돌려 주었습니다. 그런 후 여인과 딸을 그들이 사는 곳으로 다시 보내주었습니다. 그는 동지들과 적에게 똑같이 관대했던 걸로 유명하지요."

"살라딘 군대의 칼에 죽은 사람들도 그를 그렇게 여겼을지는 확신할 수 없지만, 그 당시 다른 정복자들과 비교해보면 그는 확실히 좀 더 훌륭한 편이었어요." 엘리자베스가 말했다.

루는 그의 이야기에 별다른 감흥이 없었다. 그는 머릿속으로 베트남전과 그의 부대원들이 전쟁터에서 끌고 나와야 했던 무수한 시신이 떠올랐던 것이다. 그는 베트남전에서 돌아오자마자, 그의 지휘 하에서 생명을 잃었던 모든 부대원의 어머니를 방문하기로 결심했다. 2년간 서부 지역의 시애틀과 샌디에고에서 동부 지역 포틀랜드, 메인, 사바나, 조지아 주에 이르는 미 전역 53개 마을을 방문했다. 슬퍼하는 어머니들을 꼭 안아주며 아들의 영웅적인 행동에 대해 얘기해 주었다. 그는 부대원들을 사랑했다. 지금 이 순간까지도. 그는 전쟁 후에도 좀 더 많은 부대원들을 살릴 수 있었더라면 하는 아쉬움에 다양한 전술을 곱씹어보곤 했던 것이다. '친절하고 자비로운 건 좋은 일이지만, 전쟁터에서는 그런 행동이 도움이 안되지.'라고 루는 생각했다.

유수프가 말을 이었다. "역사적 사실을 배경으로 살라딘의 예루살렘 탈환과 십자군의 예루살렘 침략을 한 번 대조해보죠. 1187년 봄에 십자군이 휴전을 깨자, 살라딘은 이슬람 군대를 다마스커스에 집합시켰고, 십자군을 예루살렘에서 몰아낼 계획을 세웠습니다."

"예루살렘 포위는 9월 20일에 시작되었습니다." 유수프가 말을 이었다.

"아흐레 만에 살라딘의 군대는 거의 90년 전 십자군이 뚫고 들어갔던 장소 근처의 벽을 돌파했습니다. 탈환에 성공한 후 살라딘은 그의 군사들에게 단 한명의 기독교인도 해치지 말고 그들의 재물 또한 약탈하지 말라고 단단히 명령을 내렸습니다. 또 그는 기독교 예배당의 호위병들을 격려했고 패배 당한 십자군 군인들도 원하기만 하면 성지 순례를 위해 예루살렘으로 와도 좋다고까지 했습니다."

"텅 빈 금고를 채우기 위해 살라딘은 발리안을 포함한 도시 안의 모든 거주민들로부터 배상금을 받기로 했습니다. 그의 군대는 배상금 액수가 터무니없이 낮다고 불평했지만, 살라딘은 가난한 거주민들이 낼 수 있는 금액을 고려했던 것입니다. 사실상 많은 이들에게 배상금을 받지 않고 그냥 내보냈습니다. 그는 과부와 아이들에게는 선물을 주어 성 밖으로 보냈습니다. 그의 군대 수장들은 거주민들을 그렇게 그냥 풀어줄 거라면 부자들에 대한 배상금만이라도 올리자며 그에게 반발했습니다. 하지만 살라딘은 이를 거부했습니다." 잠시 말을 멈추고 유수프는 부모들의 얼굴을 둘러보았다.

"상당히 마음이 나약한 사람 같군요." 루가 말했다.

"그럴까요? 그렇게 나약했다면 그 시대에 가장 위대한 군대 지도자가 되었고, 지금까지도 그렇게 위대한 사람으로 여겨지고 있을까요?"

"어쨌든 나약해요. 부드럽기도 하고." 루가 고집을 부렸다.

"왜 그렇게 말씀하시죠, 루?" 엘리자베스가 물었다.

"유수프 얘기를 들었잖아요. 내가 딱 보기에 살라딘은 사람들이 자기를 이용하도록 내버려 둔거요."

"사람들 목숨을 구해준 사실을 두고 말씀하시는 건가요?"

"사람들이 재물을 갖고 도망치도록 놔두기까지 했소."

"살라딘은 재물 때문에 예루살렘을 탈환한 게 아니에요. 오래 남을 승리를 만들기 위해 간 거죠." 엘리자베스가 말했다.

"그럼 왜 적들을 해치우지 않았소? 적들을 그냥 풀어준데다 자신과 싸움을 할 수 있게 해주었소. 내가 싸웠던 베트남전에서 그런 식으로 했더라면 아마도 당시 미군 모두는 학살당했을 거요." 루가 반박했다.

페티스가 말했다. "사실 베트남전에서 많은 미군이 학살 당했소, 루."

루의 등이 분노로 꼿꼿해졌다. 눈에 잔뜩 힘을 준 채, 페티스에게 몸을 홱 돌렸다. "뭘 모르시나 본데, 베트남전이 어땠는지 우리 미군이 얼마나 용맹했는지 아시오?"

"나는 공군에 있었소." 페티스가 차분히 대답했다. "555 전투비행부대 소속이었소. 두 번이나 다녀왔소. 당신은?" 그는 차분히 루를 바라보며 대답을 기다렸다.

루는 뜻밖의 대답에 낮은 목소리로 중얼거리듯 대답하였다.

"베트남에 4년간 있었소. 9 해병대, 2대대 – 우리는 스스로를 지옥의 헬멧을 쓴 사자라 불렀소. 미안하오"라고 하고는 페티스에게 고갯짓으로 인사를 했다.

페티스도 고갯짓으로 답례를 하였다.

"사과할 필요는 없소."

"이곳에 퇴역 군인이 두 분이나 있군요." 유수프는 환하게 미소 지었다.

"정말 멋져요!"

"루, 살라딘이 나약하고 부드러운 사람처럼 보인다고 하셨죠?" 유수프가 말했다. 루는 좀 전보다는 유순하게 그에게 고개를 끄덕였다.

"하지만 그가 도시 안에서 사로 잡았던 십자군 군인들도 그렇게 생각했을까요? 그가 굴복시킨 이슬람 군대 수장들도 그를 약하다고 여겼을까요? 전투에서 유일하게 살라딘에게만 패배 당했던 장수들도 그를 약하다고 생각했을까요?"

루는 잠시 머뭇거렸다.

"아뇨."

그는 좀 더 공손한 어투로 대답했다. "그렇게 생각지는 않아요."

"맞습니다. 그들은 살라딘을 그렇게 여기지 않았어요. 그랬던 이유도 단순합니다. 살라딘은 전혀 약한 존재가 아니었으니까요. 하지만 그는 강한 것보다 더 강한 힘이 있는 무언가를 갖고 있었습니다. 그리고 이런 점이 그를 그 시대의 다른 사람들, 즉 강했지만 성공적이진 못했던 사람들과 차별화시키는 거죠." 유수프는 말을 멈추었다.

"그게 뭐죠?" 페티스가 물었다.

"전쟁에서 살라딘의 실질적 역사적 승리 비결은 살라딘은 궁극적으로 평화에 마음을 두고 있었기 때문입니다."

루는 도무지 이해할 수가 없었다.

"평화를 향한 마음이라고요?" 루가 뾰족한 가시를 세운채 날카롭게 되물었다. "그게 비밀이라고요? 살라딘이 마음을 평화에 두고 있었다고요?"

"그렇습니다."

"농담이시겠죠."

루는 페티스를 한 번 본 뒤 그의 말에 동조할 사람이 없는지 확인하려는 시선으로 방 안을 둘러 보았다. 그는 눈썹을 찡그린 채 깊은 생각에 잠긴 페티스도 그의 생각에 동의하고 있다는 느낌을 받았다. 루는 그런 후 엘리자베스를 쳐다보았지만 그녀가 무슨 생각을 하는지 알 수 없었다.

"전쟁에서 그 승리의 비결이란 평화에 마음을 둔다는 것이라고요?"

그가 다시 유수프에게 시선을 돌리며 조롱하듯 물었다.

"그렇습니다, 루."

유수프가 단호하게 대답했다. "전쟁뿐만이 아닙니다. 사업과 가정 생활에서의 성공 비결도 마찬가지 입니다. 우리의 마음이 공존을 위해 평화를 지향하는가 혹은 단기적인 해결책으로 전쟁(분쟁)만을 염두에 두고 있는가에 따라, 즉 자녀에 대한 '당신의 마음 상태'가 아이들을 변화시키는 가장 중요한 요소입니다. 그리고 바로 그것이 당신이 최근 실책으로 인해 회사에 발생한 여러 어려움들을 성공적으로 해결해 나갈 수 있는 당신의 영향력을 결정지을 수 있습니다."

유수프의 대답은 루의 말문을 완전히 막히게 했다. 유수프는 그의 생각을 정면으로 반박했고 더 나아가 그의 회사에서의 문제들에 대해 날카로운 지적까지 했던 것이다. 루는 할 말이 없었다. 그는 아내가 그런 사실을 얘기한 게 아닐까 하는 시선으로 캐롤을 옆 눈길로 바라보았다. 그러나 캐롤은 어떤 생각으로 루가 자신을 바라보는지 알아차리지 못한 채, 정면만 똑바로 응시하고 있었다.

04

**행동이면에
있는 것들**

유수프가 막 말을 하려던 참에 캠프 직원 한 명이 방 안으로 들어와 유수프에게 뭐라고 속삭였다. 그러자 그는 사과의 말을 하며 직원을 따라 방을 나갔다.

그가 떠난 후, 페티스가 아비에게 물었다. "유수프가 말한 평화를 향한 마음의 의미를 잘 모르겠는데요. 설명을 좀 해주시겠어요?"

"그럼요." 아비가 말했다. "먼저, 십자군의 예루살렘 점령과 살라딘의 예루살렘 탈환 경우를 비교해 볼게요." 아비는 페티스를 바라보았다. "두 승리의 어떤 차이점이 있는지 아시겠습니까?"

"물론이죠. 십자군은 야만인처럼 굴었습니다." 페티스가 대답했다.

"그럼 살라딘은요?"

"살라딘은 매우 인도적이었죠. 어쨌든 공격자치고는요." 그가 덧붙였다.

"인도적이란 단어를 어떤 의미로 사용하신 거죠?" 아비가 물었다.

페티스는 생각을 정리하기 위해 잠시 말을 멈추었다. "음, 살라딘은 그가 정복한 사람들에게 관심을 갖고 대우한 것처럼 보이지만, 글쎄요, 십자군은 제가 아까 말한 것처럼 무자비했던 것으로 보이네요. 아무 상관없는 시민들까지 대학살했으니까요."

"바로 그겁니다." 아비가 페티스의 말에 고개를 끄덕였다.

"십자군에게 예루살렘 시민들은 아무것도 아니었습니다. 십자군은 그들을 사람으로 여기지 않고 물건이나 노예로 취급해서 내키는 대로 끌고 가거나 그냥 죽여버렸습니다. 반면 살라딘은 그가 정복한 사람들을 존중했습니다."

"그런 사실이 대체 우리와 무슨 관련이 있소?" 루가 다짜고짜 물었다.

"900년 전의 전쟁 얘기나 하고 계시잖소. 그 얘기가 우리 애들과 무슨 상관이 있느냐 말이오." 회사에 관해 유수프가 언급했던 것을 떠올리며, 언짢은 투로 물었다.

"그리고 우리 직원들과는요?"

아비는 루를 똑바로 바라보았다.

"매 순간, 우리는 살라딘처럼 행동할지, 아니면 이와 같은 십자군처럼 행동할지 선택하고 있습니다. 우리가 아이들, 배우자, 이웃, 동료,

낯선 사람을 볼 때 그들을 인간으로 여길지, 아니면 대상으로 여길지 선택하는 거죠. 그들을 우리와 같이 중요한 존재로 볼지 아닐지는 우리가 선택하는 겁니다. 다른 사람을 나 자신과 같은 존재인 인간으로 여기게 되면, 그들을 향한 우리 마음은 서로 통하여 평화에 이룰 수 있게 됩니다. 반면 다른 사람을 대상으로 간주하면, 우리는 그들을 별 것 아닌 존재로 보고 있기 때문에, 우리 마음이 서로 전쟁중이라고 말하는 것입니다"

"너무 순진하게 생각하시는 것 같군요." 루가 반박했다. 그가 전해 들은 아비의 과거에 대해 생각났다. "당신이 그렇게 칭찬하고 있는 이슬람 인들에게 당신 아버지가 죽었는데도 살라딘 칭찬을 하다니 놀랍네요."

아비는 무겁게 한숨을 푹 내쉬었다. "유수프와 나는 살라딘이란 사람에 대해서만 얘기하고 있는 겁니다, 루. 어느 국가나 종교단체에서도 자비로운 사람과 그렇지 않은 사람들이 있기 마련입니다. 특정 인종이나 문화, 혹은 종교를 가진 사람들을 한 가지 유형으로 뭉뚱그려 단정짓는 것은 그들을 인간으로 보지 않는 겁니다. 우리는 여기 캠프에서 그런 실수를 피하려고 하는 것입니다. 그리고 개인적으로도 살라딘은 배울 점이 많은 사람으로 보입니다."

루는 아비의 비난에 할 말을 잃었다. 그는 갑자기 혼자만 우기는 것 같아 외로움을 느꼈다. 아비는 계속 말을 이었다.

"살라딘의 예루살렘 탈환과 십자군의 예루살렘 점령의 차이점에서 한 가지 중요한 교훈을 얻을 수 있습니다. 바로 전쟁 같은 험한 행동

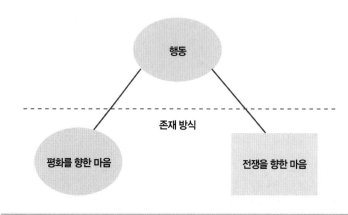

을 포함한 거의 모든 행동은 두 가지 방식으로 행해진다는 것입니다."

이 말을 한 후, 아비는 칠판으로 걸어가 다음의 그림을 그렸다.

"한 번 생각해 보세요." 아비가 몸을 돌리며 말했다.

"살라딘의 이야기는 우리의 행동보다 훨씬 뿌리 깊은 뭔가 있다는 것을 제시하고 있습니다. 즉, 철학자들이 우리의 '존재방식'이라 부르거나, 사람들을 대하고 여기는 방식이라 부르는 것, 바로 그것입니다. 마틴 부버는 우리가 무엇을 할지라도 우리는 항상 '나-그것〈I-It〉' 이나 '나-너〈I-Thou〉' 방식의 세계 속에 있다고 했습니다. 다른 말로 하자면, 우리는 항상 다른 사람들을 도구나 수단, 방해물, 혹은 나와 무관한 '대상'으로 여기거나, 아니면 그들을 '인간'으로 여긴다는 거죠. 살라딘의 이야기로 비유해서 말하자면, 예루살렘을 탈환하는 방식도 이 두 개가 있다는 것입니다."

"탈환하는 방법에 누가 신경씁니까." 루가 갑자기 반박할 기운이 난 듯 불쑥 말을 꺼냈다.

"그냥 탈환하는 거잖소. 간단한 일이오. 군인에게는 내 목을 노리고 있는 적의 생명에 대해 걱정할 사치가 없소. 사실 적군의 생명에 대해 걱정하는 건 위험한 일이니까. 총을 쏴야 할 때 망설이다 내가 죽을 수도 있잖소."

페티스 역시 루와 비슷한 의심을 갖고 있었고, 루의 말에 그의 의심이 더욱 확고해졌다. 페티스가 아비에게 물었다.

"군인이 적을 사람으로 봐야 하는 게 걱정스럽다는 루의 말이 일리가 있습니다. 안 그런가요? 저도 그건 문제라고 생각하는데요."

"확실히 문제처럼 보이죠, 그렇죠?" 아비가 되물었다.

"하지만 그게 살라딘한테 문제가 되었을까요?"

"그럼요, 그랬을 거요." 루가 페티스의 지지에 힘을 얻어 아비에게 날카롭게 반박했다. "예루살렘의 재물을 가져가게 함으로써 그는 적에게 완전히 이용당한 거요."

"당신은 그들이 사용할 재물을 가져가도록 놔둔다는 것이 상대방을 사람으로 여기는 거라고 생각합니까? 아니면 상대방이 우리를 이용하는 거라고 생각합니까?" 아비가 물었다. 보다 못한 엘리자베스가 아비를 거들었다. "다이어그램을 보세요, 루. 상단은 행동에 관한 것이고 하단은 다른 사람을 보는 두 가지 방식에 대한 거예요. 아비의 말은 행동—예루살렘을 탈환하고, 재물을 내주는 행동—부분에서 적은 것은 평화를 향한 마음을 갖고 그렇게 행동하거나, 혹은 전쟁을 향

한 마음을 갖고 그렇게 행동하거나 이 두가지 방식중 하나로 행해질
수 있다는 것을 말하는 거예요."

"아니, 어느 누가 당신이 어떤 방식으로 행동하는지 신경 쓴단 말이
요?" 루가 되물었다. "예루살렘을 탈환할 필요가 있으면 어떤 식으로
든 탈환하면 되는 것 아니오? 어떤 방식인지 누가 신경을 쓴단 말입
니까? 그냥 하면 되는 거잖소!"

아비는 루를 뚫어지게 바라보았다.

"코리가 신경을 쓰죠." 그가 말했다.

"뭐라고 했소?"

"코리가 신경을 쓴다고요.""그 애가 뭘 신경 쓴단 말이오?"

"코리는 자신이 사람으로 여겨지고 있는지 대상으로 여겨지는지에
대해 신경 쓰고 있어요."

루는 아무 대꾸도 하지 않았다.

"동등한 가치를 지닌 사람을 하찮은 대상으로(사물처럼) 본다는 것은
일종의 폭력 행위입니다, 루. 마치 주먹으로 얼굴을 세게 때리는 것과
같아요. 사실, 많은 경우에는 그 보다 훨씬 강한 충격을 주죠. 마음에
든 멍은 몸에 든 멍보다 쉽게 낫지 않기 마련이거든요."

루는 이 말에 막 대꾸를 하려는 듯 입을 벙긋거렸지만, 결국 아무 말
도 하지 않았다. 대신 그는 코리와 싸울 때처럼 등을 꼿꼿이 세운 채
의자에 살짝 기대었다.

"뿐만 아니라 예루살렘의 거주민들도 자신들이 어떤 방식으로 대우
를 받을 것인지 마음을 쓰고 있었음이 틀림없습니다. 그리고 루, 당신

은 자신이 어떻게 여겨지는지에 대해 그들보다 더 신경 쓰고 있군요."
아비가 계속 말을 이었다.

"당신은 남들이 당신을 사람(인간)으로 보고 대하는지 단지 대상으로 보고 대하는지, 분명 신경 쓰고 있어요. 사실, 다른 어떤 것들보다 더 신경 쓰고 있죠."

"그런 말을 하는 걸 보니 나에 대해 전혀 모르는 것 같소." 루가 동의하지 않는다는 듯 머리를 가로 흔들며 아비의 말에 반박했다.

"나는 다른 사람이 날 어떻게 생각하는지에 대해 눈꼽만큼도 관심이 없소. 내 아내에게 물어보시오."

바로 그 순간에, 자신의 말이 얼마나 이치에 맞지 않는가를 루는 전혀 인식하지 못했다. 루의 말에 사람들이 갑자기 자신을 쳐다보자 캐롤은 얼굴을 가볍게 붉혔다.

루를 보며 아비는 선량하게 웃었다. "저는 당신이 타인의 시선에 신경 쓴다고 생각하고 있어요."

"잘못 생각하신 거요."

"그럴지도 모르죠." 아비는 고개를 끄덕이며 동의했다.

"이런 말을 처음 듣는 건 아니실 테니까요. 하지만 이걸 한 번 생각해 보세요. 오늘 아침에 다른 사람들이 당신 말에 동의하도록 만드는 게 중요했나요?"

루는 엘리자베스가 그의 말에 동의해주기를 바랬던 일과, 페티스가 그의 말에 동의하자 느꼈던 흥분이 기억났다.

"만약 그랬다면, 당신은 신경 쓰고 있는 겁니다." 아비가 말을 이었다.

"하지만, 궁극적으로는 당신 자신이 이 질문에 답해야 하는 사람이죠."

루는 갑자기 쥐난 발이 풀릴 때 느껴지는 찌릿한 통증을 느꼈다. 통증은 쉽사리 가시질 않았다.

아비는 말을 이었다. "일단, 사업이 어렵게 돌아가는 상황을 한 번 생각해보세요. 복잡한 협상 같은 거요. 그런 어려운 상황에 어떤 직원을 협상에 임하도록 하시겠습니까? 상대 협상자를 사람으로 보는 직원입니까, 아니면 대상으로 보는 직원입니까?"

이 질문에 루는 기분이 상했다. 회사에서 전혀 진척 없이 진행되는 노조 협상이 문득 생각났기 때문이었다.

"그야 물론 상대 협상자를 사람으로 보는 직원이지요."

페티스가 대신 대답했다.

"왜죠?" 아비가 물었다.

"그야 협상자를 상대하든지, 어떤 누구를 상대하든지, 사람들은 자신을 사물처럼 취급하는 상대들과 거래하는 걸 좋아하지 않습니다. 그들은 다소 순간적인 이익을 줄지 몰라도 대신 상대에게 타격을 입히니까요."

아비는 껄껄 웃었다. "사실입니다, 바로 그렇죠." 그가 동의했다.

"때로 우리 자신이 해를 입으면서도 다른 이들에게 타격을 입히기도 한다는 걸 알고 계십니까?"

아비의 질문은 루가 2주 전에 가졌던 긴급 회의를 생각나게끔 했다. 케이트 스테나루드, 잭 테일러, 넬슨 멈포드, 커크 와이어, 돈 실링.

이렇게 루의 회사의 주요 임원 다섯 명이 전부 퇴사하겠다는 폭탄선언을 했다. 자신들에게 좀 더 권한을 위임해주지 않으면 회사를 떠나겠다고 하였다. 그들은 루를 참견쟁이, 쪼잔한 관리자, 통제광이라고 비난했고, 그들 중 한 사람(루가 결코 잊지 않을 것이라고 맹세했던) 잭 테일러는 루에게 폭군이라고까지 했다. 루는 얼굴도 쳐다보지 않은 채 그들의 말을 가만히 듣고만 있었지만, 속은 부글부글 끓고 있었다.

'배은망덕한 인간들!' 그는 속으로 으르렁거렸다.

'능력 없고, 실패만 하는, 배신자들이야!'

"그럼 당장 여기서 나가시오!" 루가 마침내 버럭 소리를 질렀다.

"만약 이 회사에서 요구하는 능력의 기준이 너무 높다고 징징거릴 거면, 차라리 나가는 게 낫겠소. 기준을 낮출 수는 없으니까!"

"우리는 기준에 대해 얘기하는 게 아니에요, 루."

케이트가 항변했다. "우리가 감당해야 하는 강압적인 분위기에 대해 얘기하는 거예요. 얼마 전에 있었던 사다리 사건 같은 거요." 케이트는 루가 얼마 전 영업팀에 있었던 사다리를 치운 것에 대해 언급했다. 그것은 그녀가 부서에 새로운 성과급 제도를 만들려던 시도를 완전히 뭉개버리는 상징적인 행위 같은 것이었다.

"별것 아닌 일이었지만, 분명 타격이 컸어요."

"기준에 못 미치는 사람들에게만 내 태도가 강압적으로 느껴질 뿐이오, 케이트."

루는 케이트의 불평에도 아랑곳하지 않고 쏘아붙였다.

"그리고 케이트, 내가 당신에게 그렇게 많은 것을 베풀어 주고, 당신이 여기까지 오도록 도와주었는데, 당신은 지금 내게 어떻게 하고 있소." 그는 경멸스럽다는 듯 머리를 흔들어댄 뒤, 마치 침뱉듯 입을 뾰족하게 모으고 이를 앙다문 채 말을 내뱉었다.

"당신은 좀 더 나은 사람일 줄 알았소. 그럼 여기서 나가시오! 당신들 모두! 당장 꺼져!"

재그럼사에서는 이 일을 '3월의 반발'로 불렀고, 최근 2주간의 업무를 거의 마비시켰다. 루는 회사의 장래가 걱정되었다.

"경제적인 관점에서 보면," 아비는 계속해서 루를 다시 현실로 이끌어내면서, "이러한 방식은 정신 나간 전략입니다."라고 말했다. 배우자가 분노하거나 아이들이 화를 내는데 불을 지피는 행동처럼, 일방적이고 강압적으로 행동하도록 우리를 그대로 방치하는 것은 우리 자신의 삶을 더욱 힘들게 만듭니다. 마음이 전쟁 중에 있을 때에는 우리 스스로가 처한 상황을 있는 그대로 명백하게 볼 수 없습니다. 우리는 마음의 평화를 유지하며, 상황에 걸맞은 분명한 결정을 내릴 수 있도록 해야만 합니다.

루는 아비의 말을 곱씹어 보았다. 케이트를 비롯해 다섯 명의 임원들을 내보내기로 했던 결정이 어떤 것이었는가! 하는 생각이 들었다.

"내 마음의 존재방식이 왜 그렇게 중요한지에 대한 또 다른 이유가 있습니다." 아비가 말을 이었다.

"협상 상황을 다시 한 번 생각해 보세요. 가장 유능한 협상자는 자신들의 고민과 걱정거리를 염두에 두는 만큼이나 상대의 고민이 어떨지를 잘 이해하는 사람들입니다. 그렇다면, 상대의 상황을 잘 고려하고 이해하는 사람은 상대를 인간으로 보는 사람일까요, 아니면 상대를 대상으로 보는 사람일까요?"

"인간으로 보는 사람이죠." 리아가 대답했다. 페티스를 비롯한 다른 사람들도 고개를 끄덕였다.

"그렇습니다." 아비가 말했다. "다른 사람들과 마음 속으로 전쟁을 하는 사람은 다른 사람들의 반대나 반발에 대해 해결할 방법을 찾을 수 없습니다. 문제가 뭔지, 상황이 어떤지에 대해 충분히 생각할 수 없으니까요."

루는 회사 노조와 막다른 골목에 다다른 상황에 대해 생각했다.

"마지막으로," 아비가 말했다. "왜 마음의 존재방식이 중요한 지에 대해 세 번째 이유를 말씀 드리죠. 그 전에 여러분들은 이 곳에 데려온 자녀들과 지난 몇 년간 겪은 갈등에 대해 생각해 보아야 합니다. 혹시 여러분들이 자녀들을 친절하고 공정하게 다루기 위해 엄청난 노력을 했을 때에도 아이들이 심하게 말을 안 듣는다고 느낀 적이 있으신가요?"

루는 엊그제 아침에 코리와 벌였던 말다툼에 대해 생각했다.

"그럼 모든 게 내 잘못이란 얘기죠, 아빠?"

코리가 어처구니없다는 듯 소리를 질렀다.

"아빠는 여태껏 한 번도 실수한 적이 없는 위대한 루 허버트 님이니까요, 그렇죠?"

"애처럼 굴지 마라."

루는 그런 모욕에도 침착한 자신을 자랑스러워 하며 대답했었다.

"나 같은 마약 중독자에 좀도둑인 아들을 두셔서 참 난처하시겠어요, 안 그래요?"

코리의 그렇게 빈정거리는 말에도 루는 아무 대꾸 없이 화를 내지 않는 것에 스스로를 흡족하게 여기고 있었다. 하지만 그가 지금 아비의 말을 들으며 그 상황에 대해 생각해보니, 코리가 옳았음을 인정하지 않을 수 없었다. 그는 분명 24살인 MIT 박사 후보생 첫째 딸 메리와 루의 모교 시라큐스 대학에 재학중인 22살인 둘째 제시를 자랑스러워하고 있었다. 3남매 중에서 코리는 부모를 난감하게 만드는 아이임은 분명했다.

"한 마디 해드리죠, 아—빠." 코리는 일부러 아빠라는 말을 강조하기 위해 길게 끌었다.

"사실, 루 허버트의 아들로 산다는 건 지옥이에요. 아버지가 자식을 실패자로 여긴다는 걸 안다는 게 어떤 기분인 줄 아세요? 아버지가 저를 그렇게 생각하는 걸 알아요. 그 말을 아버지한테서 수 년간 들어왔으니까요. 저는 메리 누나나 제시 형처럼 잘나지 못했어요. 최소한 아버지한테는 그랬죠. 하지만 하나 알려드리죠. 아버지는 엄마나 제가 아는 다른 어떤 어른보다도 나쁜 사람이에요. 제가 아들로서 실패자인 것보다 아버지가 부모로서 더 실패자라고요. 그리고 아버지는 회사에서도 재앙이에요. 왜 케이트나 다른 임원들이 아버지 회사를 뛰쳐 나갔겠어요!"

그저께 아침의 말다툼은 루가 어떤 방법을 쓰건 간에 루가 코리를 변화시킬 수 없다는 걸 명백히 보여주었다. 코리는 루가 소리를 지르

건 조용히 있건, 그를 경멸하고 있었다.

"아이와의 문제에 대해서는 제안을 하나 해드리죠." 아비가 말을 잇자, 루와 다른 부모들은 고통스러운 과거의 회상에서 깨어났다.

"이 제안이 처음에는 마음에 안 드실 수도 있어요. 특히 아이들에 관해서는 말이죠. 제안 내용은 이런 겁니다. 일반적으로, 우리들은 상대방이 보여주는 행동보다는 상대방이 우릴 어떤 식으로 대하고 있는가 하는 그들 마음가짐(존재방식)에 더 영향을 받습니다.

다시 말하면, 일반적으로 아이들은 우리의 특정한 말이나 행동보다 우리가 어떻게 바라보고 대하는지에 관해 그들은 더 민감하게 반응한다는 겁니다. 예를 들어, 우리의 마음이 아이들과 다투고 싶은 심정일지라도 우리는 아이들을 공정하게 대할 수 있습니다. 물론 아이들은 공정하게 대우받고 있다고 생각하지는 않을 겁니다. 사실, 그들은 부당하게 대접을 받고 있다고 생각하며 우리에게 반응할 것입니다."

아비는 부모들을 잠시 바라보았다.

"보여주는 행동도 중요하지만, 그 이상으로 중요한 것은 우리가 그들을 본질적으로 어떻게 대하는가 하는 마음입니다. 가정, 직장, 혹은 세상 어디에서나 일어나는 문제들의 대부분은 방법(전략)의 실패가 아니라 존재방식의 실패입니다. 방금 말씀 드린 것처럼, 우리의 마음이 전쟁 중일 때는 상황을 분명하게 볼 수 없으며, 어렵게 꼬인 문제들을 해결할 만큼 충분하고 진지하게 상대방의 입장을 고려할 수 없으며, 결국 상대방이 우리에게 상처를 주는 행동을 야기시키는 꼴이 됩니다."

만약 우리가 누군가와 심각한 갈등을 갖고 있다면, 그건 우리가 갈등 해결 방법에서 가장 깊이 존재하는 부분에서 실패하고 있기 때문입니다. 그리고 우리가 가장 깊이 존재하는 부분에서 실패할 때, 우리 인생에도 실패를 불러오게 됩니다."

05

갈등의
양상

"사실, 우리 마음이 전쟁 중이면, 문제를 제대로 해결하지 못하고 오히려 더 크게 만들어 버립니다. 제가 직접 겪은 재미있는 경험담을 하나 들려드릴게요."

"어느 토요일에 있었던 일입니다." 아비가 이야기를 시작했다.

"6시에 친구를 만나 테니스를 치기로 하고, 약속시간 15분전, 5시 45분쯤에 집에 도착했습니다. 그런데 문제는, 바로 그 날이 아내 한나에게 잔디를 깎아주겠노라 약속을 했던 날이었습니다."

몇 사람은 이미 아비의 얘기를 짐작하고는 껄껄 웃었다.

"집에 도착하자마자 곧장 차고로 달려가 잔디 깎는 기계를 꺼내 순식간에 잔디를 깎았습니다. 그런 후 집으로 쏜살같이 달려가 테니스 옷으로 갈아입으려고 계단을 오르려는 순간, 아내가 옆을 지나가더군요. 계단을 오르면서 아내에게 친구와 함께 테니스를 치기로 했다고 말을 했습니다. 방으로 가려는데, 아내가 그러더군요. '잔디 가장자리도 깎은 건가요?' 그 말에 계단에 멈춰 서서, '가장자리는 안 깎아도 되잖아. 지금 당장 할 필요도 없고 말이야.'

그러자 아내가 '깎아야 할 것 같은데요.'라고 하더군요. 그래서 제가 '아무도 우리 집을 지나갈 때, '여보, 이것 좀 봐요. 로젠 부부가 잔디 가장자리를 안 깎았군요!'라고 하진 않을 거라고 했죠. 그러자 아내는 '잔디 깎아준다고 했잖아요. 그럼 가장자리도 깎아야죠.'라고 하더군요. 그 말에 제가 반박했죠. '아니. 안 깎아도 된다니까. 잔디 깎을 때는 잔디밭만 깎으면 되는 거야. 가장자리까지 깎을 필요는 없어, 잔디 깎을 때마다 가장 자리를 깎을 필요는 없다고! 그건 말도 안 되는 얘기잖아. 그리고 나 지금 테니스 약속에 늦었어. 내 친구를 기다리게 할 셈이야? 그렇게 하고 싶어?' 제가 아내를 제대로 이해시켰다고 생각한 순간, 그녀가 이러더군요. '좋아요, 그럼 제가 깎을게요.'"

몇 명이 폭소를 터뜨렸다.

"부인은 당신의 죄책감을 자극했군요, 그렇죠?" 미구엘이 처음으로 입을 열었다. 외모와 걸 맞는 묵직한 목소리였다.

"맞습니다." 아비가 말했다. "아내가 깎는 건 내키지 않았습니다. 그래서 아내에게 돌아오면 깎을 거라고 약속했죠. 그 말을 하곤, 테니스 채를 들고 집을 떠났습니다.

"테니스를 실컷 치고 어두워진 뒤에야 집에 돌아왔습니다. 친구 폴을 처음으로 이긴 뒤라 기분이 몹시 좋았습니다. 부엌으로 가서 주스를 한 모금 마시려는데 아내가 들어왔습니다. 전 재빨리 주스 잔을 입에서 떼고, '내가 폴을 이겼어!'라고 말하려는데, 아내가 '잔디밭 가장자리 깎을 거예요?'라고 말하는 겁니다."

"날아갈 것 같던 기분이 순식간에 사그라들더군요. 두어 시간 전 느꼈던 짜증이 다시 왈칵 밀려왔습니다. 도저히 화가 나서 참을 수 없었습니다. '두 시간 내내 앉아서 내가 잔디 가장자리를 깎을지 말지 그런 생각이나 했던 거야? 당신도 참 딱하군.' 내가 이러자 아내는 '돌아오면 한다고 했잖아요.'라더군요. 제가 다시 쏘아줬죠. '그렇게 할 수도 있다고 했지. 그 땐 날이 이렇게 어두워질 줄 모르고 한 말이었어.'

"'하지만 한다고 했잖아요.'

"'깎다가 다치면 어떡하란 말이야? 너무 깜깜해서 아무 것도 안 보이잖아! 내가 다쳐도 괜찮은 거야?'

"'그럼 제가 깎을게요.' 결국 아내가 이러더군요."

"그럼 아내더러 깎게 하세요." 루가 소리쳤다. "그렇게 가장자리를 깎고 싶다면, 직접 하게 놔 두면 되잖아요."

루의 말에 몇 명이 웃었고, 미구엘의 웃음 소리가 가장 크게 들렸다. 캐롤은 이를 앙다물고 정색을 했다.

"저는 그렇게 안 했습니다, 루." 아비가 대답했다.

"대신에, 머리를 경건하게 치켜들고 숨을 깊이 들이마시고는 말했습니다. '좋아, 내가 가정의 평화를 위해서 잔디 가장자리를 깎아주지.' 그런 뒤, 차고로 천천히 걸어가 잔디 깎는 기계를 꺼내 꼬박 두 시간이나 가장자리를 깎았습니다. '당신이 원하는 걸 안 해주면 내가 제 명에 못살지' 하는 태도로요."

아비의 말에 몇 명이 다시 크게 웃었다. 미구엘은 거의 숨이 막힐 지경으로 심하게 웃어댔다.

"하지만 어떻습니까?" 그가 말을 이었다.

"제가 그렇게 잔디를 깎아서 집안이 평화로워졌을 것 같습니까?"

모두가 머리를 가로저었다. 심지어 루조차, 자신도 모르게 머리를 가로저었다.

"집안이 평화롭지 않았던 건 단 하나의 이유 때문이었습니다. 여전히 아내에 대해 내 마음이 전쟁중이었다는 것입니다. 제가 잔디를 깎건 안 깎건 저는 그녀를 속 좁고, 사려 깊지 못하고, 요구가 많고, 비이성적이며 차가운 사람으로 생각하고 있었던 것입니다. 비록 그녀 말에 따라 태도를 바꿔 잔디를 깎았어도 아내에 대한 마음은 바꾸지 않았던 거죠. 사실, 어둠 속에서 잔디를 깎으면 깎을수록, 그녀가 속 좁은 여자라는 생각이 더 많이 들었습니다. 어둠 속에서 잔디를 깎느라 울타리 몇 개를 망가뜨리고 나서야 괴팍한 만족감이 들었습니다. 망가진 울타리는 아내가 제게 얼마나 말도 안되게 굴었는지를 보여주는 증거라는 생각까지 들었어요. 잔디를 깎고 집으로 돌아왔을 때에도, 아내와 저는 서로 상대에게 말을 쏘아 붙이고 비난에 찬 시선을 보냈습니다. 그 때 저희는 잔디 가장자리를 깎기 전보다 더 상대에게 심하게 굴고 있었습니다. 제가 어두움 속에서도 열심히 잔디를 깎았는데도 아내는 여전히 저한테 화가 나 있었거든요! 전 너무 기가 막혀 '최소한 고맙다는 말은 해야지.'라고 속으로 생각했습니다. 하지만 아내는 제게 고마워할 마음이 전혀 없었어요."

미구엘은 너무 웃느라 기침을 해대고 있었다. 그는 터져 나오는 기침을 막으려 손으로 입을 가리고 있었다.

"왜 그러세요, 미구엘?" 아비가 물었다.

그는 입을 가린 채 아비에게 진정될 때까지 기다리라는 손짓을 했다. 아비는 덩치가 산만한 미구엘이 웃느라 숨이 막힐 지경인 것을 보며 커다랗게 싱긋 웃었다. 목을 가다듬으며, 미구엘이 마침내 갈라진 목소리로 말했다.

"미안합니다. 듣다 보니 제 얘기가 생각나서요. 그저께 밤에 저도 비슷한 일을 겪었거든요."

리아가 화난 듯이 눈을 부릅뜨고 미구엘을 바라보았다.

"그날 밤 제가 설거지를 해야만 했습니다. 안 그러면 아내가 화를 낼 태세였거든요. 다음 날 아침 일찍 출근해야 했는데도 설거지를 했습니다. 설거지를 끝내자마자 아내가 부엌에 들어와서 그릇들을 뒤져보기 시작하는 겁니다. 설거지를 제대로 마쳤는지 확인하려고 그러는 거였어요."

"난 안 그랬어요!" 리아가 소리를 버럭 질렀다.

"당신 그랬어. 항상 그런 식이었잖아."

"먹을 걸 가지러 간 거였어요."

"그랬겠지." 미구엘이 웃었다.

"그래서 싱크대 안을 뒤져본 거야? 음식을 찾으려고?"

이번에는 루가 폭소를 터뜨렸다.

리아의 얼굴이 차츰 붉어지기 시작했다. "당신이 그릇을 깨끗이 씻어 놓는다면 내가 그렇게까지는 하지 않았을 거예요." 리아가 쏘아붙였다. 리아의 대꾸에 미구엘은 머리를 흔들었다.

"미구엘은 혹시 이런 말을 하시려던 것 아닌가요?" 아비가 미구엘 부부의 대화에 끼어들었다.

"우리가 지금까지 얘기하던 전쟁을 향한 마음을 가지고 있음을 느끼셨다고 말이예요."

"맞아요. 누구나 그런 마음을 느끼잖아요. 안 그래요? 리아도 그런 마음이었고요."

미구엘은 리아를 가리키며 말했다. "아내는 항상 절 감시하며 돌아다닙니다. 제가 어떻게 했는지 일일이 확인하죠. 제가 한 건 뭐든지 늘 만족하지 못하는 거예요."

미구엘의 말에 캐롤은 부르르 몸을 떨었다.

"아마 리아는 감시하는 게 아닐 거예요, 미구엘. 리아는 모든 걸 다 해야 하는 현실에 지쳐있을 뿐인 거예요." 캐롤의 공격적인 말에 루는 깜짝 놀랐다.

"미구엘이 당신한테 어쨌는데 그러는 거야?" 루가 말했다.

"남편이 가족을 먹여 살리려 다음 날 일을 해야 하는 부담이 있는데도 밤 늦게 설거지를 해주면 아내는 감사해야 마땅한 거잖아."

"그럼 여자들에게는 일에 대한 부담이 없나요, 루?"

방 뒤편에 앉아 있던 여자가 물었다. 사람들 중 가장 먼저 와서 앉아 있었지만 루와는 얘기를 나누지 않은 여자였다. 그녀는 루가 대화를 주도하는 게 지겨워져 더 이상 참고 있을 수가 없었다.

"생계에 대한 부담까지 포함해서요." 그녀가 말을 이었다.

"남자들만 그런 부담감을 안고 있다고 말씀하시는 건가요? 여자들이 독립적인 주체로서 이름을 갖고 있다는 건 알고 계시나요? 그냥 이 여자, 저 여자라고만 알고 계시겠죠. 게다가 저는 당신한테 그냥 흑인 여자일 뿐일 테고요. 그렇게 생각하고 계시죠? 게다가 여기 모인 사람들이 당신이 하자는 대로 기꺼이 해야 한다고 생각하고 계시죠? 가정에서나 회사에서나 늘 그런 식으로 행동하시죠?"

루는 한 방 맞은 듯 얼떨떨한 기분이 들었다. 그가 막 대꾸를 하려할 때 아비가 끼어들었다.

"전쟁을 향한 마음을 가지셨군요. 우리가 얘기하고 있던 마음을요." 그가 말했다.

"루, 캐롤, 미구엘, 리아, 니콜, 그리고 다른 여러분들! 모두 제가 말하고자 하는 걸 아시겠습니까? 지금 이 순간에 우리가 상대를 어떻게 여기고 있습니까? 동지로? 아니면 적으로? 여러분들께서는 지금 전쟁하는 기분을 느끼고 계신 겁니다."

루는 그에게 쏘아붙인 흑인 여자를 힐끗 바라보았다. 바로 엘리자베스 옆 자리였다.

'이름이 니콜이란 말이지.' 그는 그 이름을 단단히 기억해 두었다.

아비는 잠시 말을 멈추었다.

"어서 주위를 둘러보세요." 그가 말했다.

"지금 여러분 눈 앞에 있는 건 사람입니까, 아니면 대상입니까?"

서로를 보라는 말에도 불구하고 방 안의 대다수의 사람들은 눈을 내리깐 채 서로의 시선을 피하고 있었다. 아비가 말을 이었다.

"우리가 다른 이들을 대상으로 보기 시작할 때, 우리는 상대가 우리 삶을 어렵게 만들게 끔 자극하기 시작합니다. 사실 우리는 다른 이들이 우리 자신을 끔찍하게 만들도록 유도하는 거죠. 우리는 다른 이들이 우리가 끔찍이도 싫어하는 바로 그런 말들을 우리에게 하도록 자극합니다."

"어떻게요?"

루가 물었다.

"모르시겠습니까?" 아비가 물었다.

"우리의 감정이 어떻게 하면 상대의 기분을 상하게 하고, 나에게 적대적인 말과 감정을 갖게끔 합니까?"

루는 그 질문에 대한 대답을 알 수 있었다.

"제 아내와의 잔디 일화를 통해 이에 대한 해답이 있음을 알 수 있습니다." 그는 말을 이었다.

"도형을 하나 그려보죠. 이걸 보시면 제 말 뜻을 아실 수 있을 겁니다. 우선, 아내는 제게 가장자리를 깎으라고 했습니다, 그렇죠? 그리고 제가 싫다고 하자 불평을 늘어 놓으며 저에게 졸라댔습니다."

그는 그 말 뒤에 다음의 도형을 그리고 1번에 적었다.

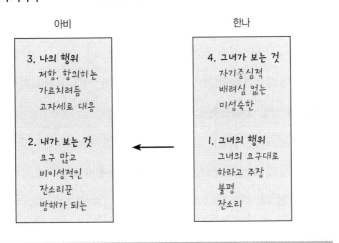

The Collusion Diagram©아빈저연구소

"아내가 제게 잔디 가장자리를 깎으라고 했을 때, 제가 아내를 어떤 사람이라고 생각했을까요?"

리아를 힐끗 보며 미구엘이 대답했다.

"요구가 많고, 대화가 안 되는 이성적이지 못한 사람으로요."

아비는 2번에 미구엘이 말한 내용을 적어 넣었다.

"사실이잖소." 루가 말했다.

"잔소리꾼에 생각이 단순한 사람이잖소. 물론 항상 그런 건 아니겠죠. 아마 한나는 멋진 여자일거요. 그래도 이 경우에는, 잔소리는 그만하고 본인이 직접 잔디를 깎았어야 했어요."

"그래요, 루." 아비가 잔소리꾼이라는 말을 칠판에 쓰며 웃었다.

"그럼 제가 이 상황에서 아내를 대상으로 보고 있었다고 해도 되겠습니까?"

"내 평안에 방해가 되는 대상으로 보고 있었죠." 루가 대답했다.

아비는 그 말도 적어넣었다.

"그럼 여기 2번에 적어 넣은 것처럼, 제가 아내를 잔소리꾼 등으로 볼 때, 전 어떻게 행동했습니까?"

"항의하셨죠." 니콜이 답했다. "마땅히 잔디를 깎아야 한다고 생각하지 않았고, 그렇게 생각한다는 걸 아내에게 노골적으로 드러냈어요. 제가 볼 때는 좀 유치하게 행동하신 것 같아요."

아비는 선량하게 웃었다. "그랬던 것 같네요. 고마워요, 니콜."

"별말씀을요." 여전히 목소리에 날을 세운 채 니콜이 말했다.

"그래서 제가 하나 요청에 반대했었죠." 아비는 3번에 방금 자신이 한 말을 적어 넣으며 말을 덧붙였다.

"제가 또 어떤 행동을 했나요?" "저는 하나의 요청에 반발했고," 3번을 가리키며 그가 말했다.

"그녀를 가르치려 들었습니다. 결국에는 잔디를 깎긴 했지만요. 제가 아주 화난 모습으로 잔디를 격렬하게 깎았을 것 같지 않나요?"

방 안의 대부분의 사람들이 고개를 끄덕였다.

"제가 했던 행동과 아내를 어떻게 보고 있었는지에 근거해 볼 때, 제 아내는 저를 어떻게 보았을 것 같습니까?"

"자기 중심적인 사람." "사려 깊지도 않은 사람." "그리고 미성숙한 사람." 사람들이 다시 덧붙였다.

"그래요, 맞는 말이네요. 어쨌든 고맙군요." 아비는 얼굴을 찡그리며 웃었고, 그들의 말을 4에 적어 넣었다.

"그럼 이 상황을 한 번 보죠." 칠판에서 뒤로 물러서며 그가 말했다.

"만약 한나가 여기 4번에 적은 것처럼, 저를 자기 중심적이고, 사려 깊지 못하고, 미성숙한 사람으로 본다 칩시다. 그럼 그녀가 하라는 행동을 제가 기꺼이 하지 않을 때, 저한테 그걸 하라고 강요하면서 불평을 더 하게 될까요, 덜 하게 될까요?"

"더 하게 되겠죠." 부모들이 대답했다.

"맞아요. 그럼 한나는 우리가 도형 1에 적은 행동을 더 하게 될 겁니다. 그럼 전 도형 2와 3에 적은 행동을 더 하게 될 테고, 그럼 또 다시 한나는 도형 4에 적은 대로 저를 더 바라보게 되겠죠. 그런 행동들이 계속 꼬리에 꼬리를 물고 일어나서, 결국 우리가 상대가 하지 말았으면 하고 불평하는 바로 그런 행동과 감정을 상대방이 하도록 불러 일으키게 되는 겁니다."

아비는 분위기가 진정되도록 잠시 말을 멈추었다.

"이걸 한 번 생각해보세요." 그가 말했다. "우리가 상대방에게서 증오하는 바로 그런 행동을 상대가 하게끔 만드는 끔찍한 일을요!"

"그건 미친 짓이죠." 페티스가 동의했다.

"그래요 페티스, 사실 그렇습니다. 미친 짓이기 때문에, 우리는 이 것을 단순한 갈등이 아닌 '공모'라고 부릅니다."

페티스는 이 말의 의미를 알아내려 애썼다. "그 차이를 잘 모르겠는데요."

"갈등이란 말은 수동적입니다." 아비가 대답했다.

"그건 우리에게 일어나는 일이죠. 예를 들어, 우리가 갈등이라 부르는 어떤 것은 단순히 오해의 결과로 생길 수 있습니다. 하지만 많은 갈등은 전혀 그렇게 수동적으로 발생하지 않습니다. 양측이 적극적으로 문제를 유지시키려 하는 상황에서 발생합니다. 오해의 수동적 희생자가 되는 것과는 상관없이 우리는 오해를 적극적으로 유지시키는 사람이 되는 겁니다. 공모라는 용어는 갈등을 적극적으로 불러 일으킨다는 의미를 정확하게 담고 있습니다. 그래서 우리는 서로 다투고 있는 내용을 적극적으로 불러오는 갈등을 나타낼 때 이 용어를 씁니다." 아비는 칠판에 다음과 같이 적었다.

공모: 양측이 서로 다투고 있는 바로 그 상황을 불러들일 경우의 갈등

"공모, 이건 정신 나간 짓입니다. 그런데 이 정신 나간 행위가 우리 인생의 많은 부분에서 발생합니다. 문제가 있는 배우자들, 부모와 아이들, 경쟁하는 동료들, 전쟁 중인 국가들 간에 발생하는 대부분의 일을 보여주는 단어이죠."

06

단계적인 상승

"방을 한 번 둘러보세요. 휴식 시간을 가지면 누구랑 이야기 하고 싶습니까? 말씀해보세요." 아비가 재차 물었다. "먼저 사람들을 한 번 둘러보세요."

니콜은 슬쩍 리아와 캐롤을 쳐다보았다. 미구엘은 루를 힐끗 바라보고는, 루가 그를 바라보자 재빨리 시선을 돌렸다. 루는 엘리자베스에게 호기심에 찬 시선을 보냈지만, 엘리자베스는 루가 자신을 쳐다보고 있는지 의식하지 못했다. 그녀는 다른 사람들과 무리 지어 얘기하는 것에 별 흥미가 없는 듯 보였다.

"그럼 그 사람과 어떤 이야기를 나누고 싶습니까?" 아비가 다시 물었다.

　방 안에는 침묵이 흘렀지만, 시선만은 분주히 여기 저기로 움직였다. 아비는 부모들이 그의 질문에 눈으로 대답하고 있음을 알 수 있었다.

　"니콜" 아비가 침묵을 깨며 말했다. "좀 돌직구 질문을 드리겠습니다. 이 방에 있는 사람들 중 누구와 가장 이야기를 나누고 싶은가요? 그리고 그 사람과 어떤 이야기를 나누고 싶습니까?"

　"음, 저는 리아랑 얘기를 하고 싶네요. 그리고 캐롤도요. 대화 내용이야 뻔하겠지요. 남편들 얘기 말고 뭐가 있겠어요?" 삐딱한 웃음을 지으며 니콜이 대답했다.

　"그럼 리아와 캐롤의 남편에 대해 어떤 얘기를 하고 싶죠?" 아비가 다시 물었다.

　"항상 그렇게 고집 불통인지 아니면 여러 사람들과 있을 때만 그런지에 관해서 한 번 물어보고 싶어요."

　루가 니콜에게 한 마디 쏘아 붙이려 입을 벙긋거리자 아비가 재빨리 말을 이었다.

　"여기서 일어난 일을 잘 보십시오." 아비가 말했다. "니콜은 리아, 캐롤과 얘기하고 싶어 합니다. 나눌 대화 내용은요? 그들이 누군가에 의해 부당하게 취급받는 것에 관해서입니다. 우리는 결국 다른 사람을 비난하는 자신의 견해를 정당화시킨 감정(feeling)의 한 방식으로 편을 끌어모읍니다. 그 동지는 실제적이거나, 인식적이거나, 혹은 잠재적인 것입니다. 즉, 다른 사람들을 비난하는 우리의 시각이 정당하다고 느끼기 위해 나와 생각을 같이하도록 사람을 모으는 것이죠. 이런 행동의 결과는 무엇일까요? 바로 갈등이 널리 확산된다는 것입니다."

아비는 칠판 위에 그려진 도형에 더 많은 상자를 그려 넣었다.

"이렇게 말이죠."

● ● **공모 다이어그램**

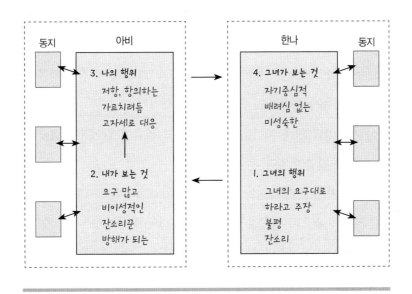

The Collusion Diagram©아빈저연구소

"그래서 두 사람 간에 갈등으로 시작된 일이 서로가 자신들의 편에 설 사람들을 만들면서 보다 많은 사람들에게로 퍼져나가게 됩니다. 그러면서 서로 상대방이 틀렸다고, 잘못되었다고 비난하는 행동을 상대방이 점점 더 하게끔 만드는 행동을 하게 되는 거죠. 우리들도 지난 몇 분 동안 이 방안에서 그런 일이 발생하는 걸 목격했습니다.

우리 집에서 한나와 제가 아이들을 서로 자기 편으로 만들려고 할 때도 이런 일이 일어납니다. 예를 들어, 한나가 제게 뭔가를 요구하면, 저는 티가 나게 싫다는 식으로 눈을 이리저리 굴립니다. 그리고 아내가 제게 너무 심하게 군다는 생각이 들 때면 저는 아이들이 불쌍하다는 생각까지 합니다. 그럼 아이들에게까지 제가 느끼는 것처럼 한나로부터 부당한 대접을 자신들이 받고 있다고 느끼게끔 만들어 버립니다."

"너무 심하신데요." 니콜이 톡 쏘아 붙이자 "그렇죠. 좀 심한 행동이죠."라며 아비는 순순히 니콜의 말에 동의했다.

"하지만 이런 일은 여러분들 회사에서도 똑같이 일어나고 있습니다." 아비가 말을 이었다.

"불만을 가진 몇몇 직원들이 다른 직원에 대한 비방을 해대며 동료들을 자신의 편으로 만들려 합니다. 그럼 결국에는 회사가 어떻게 될까요? 바로 전쟁터가 되어 버립니다. 한 그룹이 다른 그룹에 대해 쉴새 없이 불평을 해대기 시작하면, 다른 그룹은 이에 대한 응수로 같은 식으로 보복을 합니다. 끝을 볼 때까지요. 그럼 직원들은 우리가 공모라 부르는 그런 갈등을 유지하는 데 엄청난 에너지를 쓰게 되고, 결국에는 회사의 업무 목표를 달성하는 데 집중하지 못하게 됩니다. 제 말이 일리가 있나요?" 아비가 한층 힘을 주며 말했다.

비록 아비는 아무 말도 안 했지만, 루는 그의 회사에서 아비가 말한 일이 일어났음을 속으로 인정하고 있었다. 물론 아들 코리와도 그런 식의 일이 꼬리를 물고 이어지고 있었다. 그가 코리를 심하게 대하면

대할수록, 코리는 루에게 더욱 반항했다. 그리고 코리가 반항하면 할수록, 루는 더욱 강하게 코리를 억압했다. 루는 불만을 느낄 때 아비가 한 것처럼 눈을 굴리지는 않았지만, 캐롤과 다른 사람들에게 코리에 대해 불평을 늘어놓으며, 자신의 주변 사람들을 자신에게 동조하도록 만들었다.

"제게는 국가들 간에 발생하는 많은 갈등들이 공모로 보이네요. 북아일랜드 지역에서의 갈등이 그 한 예인 것 같아요. 싸우고 있는 양측은 자신들이 싸우고 있는 상대의 싫은 점을 바로 상대 측이 하도록 만들고 있으니까요." 엘리자베스가 말했다.

"이스라엘과 팔레스타인 간의 전쟁도 마찬가지 입니다." 아비가 동의했다.

"사실, 공모의 개념으로 오래 전 사람들간의 개인적인 갈등이 어떻게 지금 전 세계를 위협하는지를 설명할 수 있습니다. 아브라함과 그의 아들 이삭과 이스마엘에 대한 얘기를 생각해보세요. 신의 율법에 따라, 아브라함의 자식들 중 이삭은 이스라엘의 시조가, 이스마엘은 아랍 지역의 시조가 되었습니다. 이삭의 후손인 유대인과 기독교도들은 이삭이 선택 받은 아들이며 그의 후손들은 하느님께서 주신 특별한 권리와 성스러운 땅을 부여 받았다고 믿었습니다. 그리고 그들은 하느님이 아브라함의 신앙을 시험하기 위해 아브라함에게 이삭을 제물로 바치라고 명했다고 믿고 있습니다. 지금은 예루살렘이라 불리는 모리아 산 언덕에서 의식이 행해졌다고 믿고 있습니다. 수세기 후에, 솔로몬 왕은 예루살렘에 있는 모리아 산 언덕에 신전을 지었습니다. 요즘에는, 이 산이 알 아크사 모스크 단지로 뒤덮여 있습니다. 예루살렘에 대한 초기 정복이 이루어진 후에 이슬람인들에 의해 초기에 건설된 단지입니다. 바위의 돔이라 알려진 세계적으로 유명한 성지도 이곳에 위치해 있습니다. 이슬람인들은 이곳에서 예언자 모하메드가 어두운 밤에 하늘로 승천했다고 믿고 있습니다. 또 유대인들은 이곳에서 아브라함의 이삭 제물 의식이 행해졌다고도 여기고 있습니다.

　이제 이스마엘에 대해 얘기해보죠. 비록 코란에 이렇다라고 적힌 건 아니지만, 많은 이슬람 인들은 아브라함이 이삭이 아닌 이스마엘을 모리아에서 제물로 바칠 것을 명 받았다고 믿고 있습니다. 이슬람인들은 또한 이삭이 아닌 이스마엘이 선택된 아들이고 그 땅에 대한 권리를 부여 받은 것도 이스마엘이라고 생각하죠. 그래서 지금까지도 이삭이 선택된 아들이라 믿는 이들과 이스마엘이 선택된 아들이라 믿는 사람들 간에 분쟁이 계속되는 겁니다. 둘 중 하나를 믿는 이들은 자신들이야말로 예언자 아브라함으로부터 땅과 유산을 축복으로 받았다고 믿고 있는 거죠."

　아비는 공모 다이어그램을 가리켰다.

　"이삭 대신 제 이름을 써넣고, 이스마엘 대신 한나 이름을 써넣어 보세요. 그럼 다이어그램이 갈등의 진정한 모습을 보여줄 겁니다. 어느 한 쪽을 옳다고 믿는 사람들은 자신이 상대에 대해 불평하는 바로 행위들을 상대방이 하도록 자극하는 거죠."

　"하지만 만약 둘 중 한 쪽의 생각이 맞으면 어떻게 됩니까, 아비?" 루가 끼어들었다.

"당신 말은 갈등을 겪는 양 쪽이 모두 똑같이 틀렸다는 전제를 담고 있잖소. 한 쪽의 주장이 명백하게 틀렸을 수도 있는데 말이오."

"그럼 여기서 어느 쪽의 주장이 명백하게 틀린 겁니까, 루?"

갑자기 누군가의 목소리가 들려 사람들은 모두 그 쪽으로 고개를 돌렸다. 유수프였다. 조금 전에 아무도 눈치채지 못하게 살그머니 방안에 돌아와 있었던 것이다.

"글쎄요, 유수프." 유수프를 한번 훑어 보고는 루가 대답했다.

"당신이 틀린 것 같소."

"제가요?"

"그렇소."

"그럼 제가 주장하는 것은 무엇인가요?"

루는 즉시 자신의 경솔한 발언을 후회했다. 너무 쉽게 반격할 여지를 남겨두는 말이었던 것이다.

"글쎄요, 전 당신의 개인적인 견해는 정확히 모릅니다, 유수프."

루는 실수를 얼버무리려 애쓰며 말했다.

"난 그냥 당신 민족들의 견해에 대해 얘기했을 뿐이오."

"그래요? 그 민족들이 누구죠?"

"이스마엘의 후손들이죠."

루는 억지로 아무렇지도 않은 체하며 대답했다.

"아랍 민족을 말씀하시는군요."

유수프는 고개를 끄덕였다. 칠판을 가리키며 그가 말했다.

"이런 갈등의 또 다른 특징은 다른 이들을 쓸모 없는 존재로 만드는 습성이 있다는 겁니다. 다른 이들에게 가치 없는 이름을 붙여 이름이 같은 이들을 하나의 범주로 뭉뚱그리는 겁니다. 예를 들면 고집쟁이 백인, 게으른 흑인, 우둔한 미국인, 오만한 유럽인, 공격적인 아랍인, 교묘한 유대인처럼 말이죠. 이렇게 함으로써 우리가 전혀 알지도 못하는 사람들을 하나의 대상으로 묶어버리고, 그 범주에 속하는 많은 이들을 우리 적으로 만들어 버립니다."

"난 어느 누구도 나의 적으로 만들지 않소, 유수프. 단지 나를 자신들의 적으로 간주한 이들이 누군지 말하는 것뿐이오."

"그럼 모든 아랍인들이 그렇게 했나요?" 유수프가 물었다. "그리고 그들이 루 허버트 당신을 적이라고 불렀나요?"

루는 이 질문에 대답을 못하고 잠자코 있었다. 그러다 갑자기 눈에 자신감을 다시 내보이며 따지려는 듯 의자에 꼿꼿이 등을 기대고 앉았다.

"왜 계속 대화 주제를 바꾸는 겁니까?"

"저는 그러지 않았는데요."

"아니, 당신은 그러고 있소." 루가 반박했다. "내 질문에 계속 관련 없는 질문들로 답을 하고 있소. 내 질문이 의도한 대답을 하지 않고, 전혀 상관없는 엉뚱한 신기루 같은 대답을 하고 있단 말이오."

유수프는 아무 말도 하지 않고 루를 빤히 바라보았다.

"이렇게 합시다, 유수프. 당신이 내 질문에 답을 하면 내가 당신 질문에 답을 하겠소."

"좋아요. 어떤 답을 해드릴까요?" 유수프가 말했다.

07

옳은 일과 올바른 방식

"우선," 루가 시작했다. "내 질문은 만약 한 쪽이 옳고 다른 쪽이 그르면 두 사람간의 갈등이 달라질 수 있느냐는 거였소. 같은 질문을 다시 한 번 하겠소. 정말 달라질 수 있소?"

"물론이죠." 유수프가 대답했다. "달라질 수 있습니다. 하지만 당신이 생각하는 것처럼은 아닙니다."

"그게 무슨 얘기요?"

유수프는 신중하게 대답했다.

"루, 당신이 틀렸다고 생각하는 사람과 갈등을 일으켜본 적 있습니까?"

루는 코리와 회사를 나가 버린 다섯 명의 임원들을 생각했다.

"없소. 하지만 아마 그런 사람들은 다른 이들과 갈등을 겪은 적이 있을 것이요."

루는 차갑게 대답했다.

"하지만 이걸 아셔야 합니다. 함께 갈등을 겪는 사람들이 각자 자신이 옳다고 생각하는 한 그 갈등은 결코 풀리지 않습니다. 갈등을 겪는 사람 중 단 한 명이라도, 자신의 생각이나 판단이 틀렸을 수 있다고 생각한다면 갈등을 푸는 것은 가능합니다."

"하지만 내가 안 틀렸다면 어떡하냔 말이오!" 루가 버럭 소리를 질렀다.

"만약 당신이 틀리지 않았다면, 당신이 어떻게 오해를 했는지에 대해 기꺼이 생각해 보게 될 겁니다."

"무슨 그런 난해한 얘기가 있소?"

유수프는 미소 지었다.

"난해해 보일 뿐입니다. 왜냐하면 우리들은 우리가 하는 말, 행동, 생각 이면에 있을 영향이 어떤 결과를 가져올지에 대해 거의 생각하지 않기 때문입니다. 아비가 당신에게 얘기해 준 것처럼, 예루살렘을 탈환하거나 싸움의 전략을 취하는 데는 두 가지 방법이 있었습니다. 비록 예루살렘을 탈환하는 것이 최선이고 옳은 것이었다 해도, 그 일을 잘못된 방식으로 할 수도 있는 겁니다. 좀 더 심호하게 말하자면, 결코 완전하지 않은 한 인간이 내가 틀릴 수도 있다는 여지를 갖지 못한다면, 갈등 상황에서 내가 옳다는 면만을 믿고 평생토록 살아가겠죠. 근본적인 해결책을 찾으려고 하지 않을 것입니다."

유수프는 계속 말을 이었다.

"우리가 옳거나 잘못된 것에 있어서 가장 깊이 있고 영향력 있는 방법은 다른 사람들을 향한 우리의 존재방식(마음가짐)에 있습니다.

예를 들어보죠. 제가 아이들에게 이런 저런 일을 하는 게 중요하니까 해야 한다고 윽박지른다면 제가 하는 말이 옳을 수는 있겠지만 그렇게 소리를 지르고 전쟁을 향한 마음을 갖고 있다면 아이들로부터 원하는 도움과 협조를 받을 수 있을까요?"

루는 유수프의 질문에 코리를 떠올렸다. 그리고 지난 2년 동안 아들에게 부드럽게 말하는 게 얼마나 힘들었는지를 생각했다.

"그렇다면 루," 유수프가 말을 이었다.

"다른 사람들과의 갈등에서 비록 당신이 옳았다고 칩시다. 그들에 대한 당신의 마음도 자신 있게 말할 수 있습니까? 그들이 그런 식으로 행동할 때 당신 마음은 평화를 향한 것인가요? 아니면 전쟁 중이었습니까?"

루는 여전히 침묵한 채 의자에 조금 몸을 기댔다. 그는 방 안 모두가 이 질문에 루가 어떤 대답을 할 지 이미 알고 있다는 것을 느낄 수 있었다. 상대방을 향한 그의 마음은 늘 전쟁 중이었을 뿐만 아니라, 너무 자주 사람들과 갈등을 겪는 것 같았다.

그는 다시 한 번 옛 일을 떠올렸다.

루는 뉴욕 아테네에서 성장했다. 맨하탄에서 북으로 120 마일, 알바니에서 남으로 30마일 떨어진 허드슨 강에 위치한 아름다운 마을

이었다. 그의 아버지는 사과 농부였는데, 거의 하루 종일 일하시던 분이었다. 루의 가족은 남북 전쟁 시대에 지어진 하얀 물판자 농가 집에 살았고, 집은 허드슨 강 서쪽 둑에서 50야드 정도 밖에 떨어지지 않은 곳에 있었다. 농장은 10 에이커 정도의 소박한 규모였지만, 그린 카운티에서 가장 예쁜 농장이었다. 집의 맨 꼭대기 층에서는 서쪽으로 뻗어 있는 나무들 위로 삐죽 솟아오른 캣스킬 산도 볼 수 있었다. 농장이 너무나 아름다웠기에 루의 아버지는 다른 곳에서 더 큰 농장을 운영 할 수 있었는데도 한 번도 그곳을 떠날 생각을 하지 않았다.

루가 어렸을 때, 집에는 오래된 고물 차 한대가 있었다. 1942년 형 빨간색 농장 트럭으로 4피트 크기의 나무로 된 커다란 짐칸이 달려 있었다. 차는 덜덜거렸고 마치 90세 골초 노인처럼 심하게 쿨럭거렸다. 루의 아버지는 다른 차량들이 차를 비켜 지나갈 수 있도록 도로 갓 길 풀숲에 차를 걸치면서 운전을 했고, 루는 도로 갓 길이 2차선 도로인 양 착각하며 운전을 배웠다. 그렇게 가난했기에, 허버트 가족에게 새 차가 생긴 일은 대단한 사건이었다. 당시 16살이었던 루는 그 차를 동네 친구들에게 보여주고 싶어 안달이 나 있었다. 루의 아버지가 차를 집에 가지고 온 다음 날, 루는 일이 있으니 차를 몰아도 되는지를 아버지에게 물었다. 아들의 마음을 눈치챈 루의 아버지는 즉시 허락해 주었다.

루는 당장 달려가 차에 시동을 걸었다. 새 차의 부드럽게 시동 걸리는 소리에 그는 심장이 튀어나올 만큼 흥분이 되었고 기대감에 반짝거리는 계기판을 만졌다. 막 엑셀레이터를 밟으려던 순간 그는 지갑을 집에 놔두고 왔다는 걸 깨달았고, 집으로 다시 달려갔다. 그가 숨 가쁘게 차로 돌아 왔을 때, 그는 기절할 뻔한 몸을 간신히 추슬러야 했다. 차가 없어졌던 것이다! 루는 숨이 막힐 지경이 되었고, 어쩌면 차가 경사진 드라이브 웨이로 미끄러져 내려가 허드슨 강에 빠졌을 지도 모른다는 생각이 들었다. 루의 집 드라이브 웨이는 강 바로 앞에 서 꺾어지게 되어 있었던 것이다.

'기어를 고정 위치에 안 둔거야? 사이드 브레이크를 안 올린 거야?' 루는 드라이브 웨이를 뛰어 내려가며 속으로 비명을 질러댔다.

길이 꼬부라지는 곳에 타이어 자국이 생생하게 강 쪽으로 나 있었 다. 루는 강 둑으로 뛰어가 20피트 가량 아래 쪽을 내려다보았다. 깊 은 물 속에서 새 차의 헤드라이트가 반짝거리는 게 보였다. 루는 차가 강으로 천천히 빨려 들어가다 마침내 사라지는 것을 보며 얼어붙은 채로 서 있었다.

마비된 것 같은 다리를 이끌고 루는 집으로 들어갔다. 아버지에게 이 소식을 어떻게 전해야 할지 알 수가 없었다. 자신이 가장 좋아하는 커다란 안락 의자에 앉아 신문을 읽고 계신 아버지의 등을 잠시 바라 보며 루는 집에서 도망칠 생각을 하고 있었다.

"또 잊어버린 것 있니?" 루의 아버지가 갑자기 뒤를 돌아보지도 않 은 채 물었다.

"아뇨." 루는 숨을 제대로 쉴 수가 없었다. 아버지가 집에 있다는 걸 안 이상 도망칠 방법이 없었다. 숨을 곳도 없었다.

"아버지." 루는 갈라지는 목소리로 말했다. "제가…" 그는 계속 말을 이을 수가 없었다. "제가…"

그는 숨을 한 번 들이쉬고 간신히 얘기할 용기를 냈다.

"아버지, 제가…차가…" 말할 때마다 가슴이 심하게 뛰어 제대로 말할 수가 없었다.

"제가 차에 사이드 브레이크를 안 채웠던 것 같아요." 그는 간신히 말했다. "차가 강에 빠졌어요, 아버지. 차가 강에 빠졌다고요! 정말 죄송해요." 울음이 터져 나왔다. "정말 죄송해요!"

그 뒤에 일어난 일은 기억을 잃어버리지 않는 이상, 그가 죽을 때까지 절대 잊지 못할 것이다.

루는 떨면서 아버지의 대답을 기다리고 있었다. 아버지는 여전히 뒤를 돌아보지 않은 채 조용히 신문을 펼쳐 들고 앉아 있었다. 그런 뒤 천천히 왼손을 들어 신문의 다른 면을 펼쳐 읽기를 계속했다. 그런 뒤 아버지가 한 말은 루가 절대로 잊을 수 없는 것이었다.

"그럼, 할 수 없이 트럭을 꺼내와야겠구나."

이 때 일을 회상하면서 루는 가만히 앉아 있었다. 그 순간 아버지로부터는 어떤 처벌도, 훈계도, 분노도 없었다. 단지 "그럼, 할 수 없이 트럭을 꺼내와야겠구나."라는 담담한 말이 있었을 뿐이었다. 루는 그 순간 루를 향한 아버지의 마음이 평화를 향한 것이었다는 것을 깨달았다. 너무나 평화로워서 힘들게 벌어 산 새 차를 갑자기 잃어버렸는데도 마음이 동요되지 않았던 것이다. 아마도 아버지는 루가 절대로 차를 두 번 다시 강에 빠뜨리는 일은 없는 사람일 거라는 사실을 알고 계셨는지도 모른다. 혹은 그 순간에 훈계를 해봤자 아무 소용이 없다는 것과 이미 상처 받은 아들에게 다시 한 번 상처를 줄 수 있다는 사실을 알고 계셨을지 모른다.

'이미 상처 받은 아들'

루의 생각이 꼬리를 이었다. 루에게도 상처 받은 아들이 있었지만, 그는 늘 아들에게 쉴 새 없이 훈계를 해댔다.

'내가 어떤 사람이 된 걸까?' 루는 조용히 생각했다.

'왜 나는 사람들과 순식간에 갈등을 일으키는 걸까?'

"유수프, 루가 그런 방식일 때를 본 적이 있어요." 캐롤이 말했다. 그녀의 목소리가 루를 생각의 늪에서 끄집어 냈다.

"루의 마음이 평화로웠던 모습을 그것도 아주 여러 번 보았습니다."

루는 캐롤을 바라보았다. 입은 놀라움으로 살짝 벌어졌다.

"루도 따뜻하고 협조적일 수 있어요. 오늘 비록 그렇지 않은 모습을 많이 보셨겠지만요."

그녀가 사과하듯 말을 덧붙였다. 잠시 멈춘 뒤, 그녀가 말을 이었다.

"이야기를 하나 해도 될까요?"

"그럼요." 유수프가 고개를 끄덕였다.

"이런 얘기를 하는 게 쉽지는 않아요. 이 사실을 아는 사람은 여태껏 아무도 없었어요. 루와 앞으로 제가 말씀드릴 의사만 알고 있었어요. 하지만 이 이야기가 당신들 모두에게 도움이 될 것 같아서 말씀 드리려고요."

캐롤이 말을 이었다.

"결혼 후 수년 동안, 전 비밀을 하나 갖고 있었어요. 바로 폭식증이었어요. 전 그 사실이 너무 부끄러웠어요. 저는 루가 이 사실을 알아 저한테 실망하게 되거나, 그의 사랑이 식어버리게 하고 싶지 않았어요. 그래서 이 사실을 루한테 말하지 않았어요. 그런데 마음 속 무언가가 내가 그렇게 살다간 아마도 감정적으로나 정신적으로, 또 육체적으로도 나 자신을 죽일 수 있다고 느꼈습니다. 오랫동안 폭식증으로 인한 극심한 피로감에 시달린 끝에, 이 문제를 논의하기 위해 의사를 찾아갔어요. 의사는 테스트를 몇 개 하고는 단도직입적으로 나에게 섭식장애가 있는지를 묻더군요. 저는 처음에는 강하게 부인했어요. 하지만 의사가 나에게 테스트 결과를 보여주면서 제 몸이 망가지고 있고, 건강과 어쩌면 내 생명까지도 위험할 수 있다는 말을 하더군요. 그래서 결국 의사에게 털어놓게 되었죠. 흐느껴 울면서.

그런 뒤에도 힘든 부분은 여전히 남아 있었어요. 내 폭식증이 단순한 병 이상으로 나에게 영향을 주었기에 루에게 이 사실을 털어놔야한다는 것이었어요. 그의 도움이 필요했고, 그런 비밀을 간직한 채 매일매일 그와 마주보며 살아갈 수 없었으니까요. 그래서 결국 루에게 사실을 털어놓았고 이걸로 우리 결혼이 끝일 수도 있겠다며 엄청나게 걱정을 했죠. 하지만, 제 생각이 틀렸더군요. 오히려 루는 제가 비밀을 털어놓지 않은 것에 상처를 받았어요. 하지만 그걸 마음 속에 간직하지는 않더군요. 루는 제 얘기를 듣자마자 저의 폭식증에 상당한 관심을 보였어요. 그 때 루가 얼마나 고마웠던지, 그 때 루에게 느꼈던 커다란 고마움을 지금껏 다른 어떤 누구한테도 느껴본 적이 없어요. 사실을 털어 놓은 후 몇 달 동안, 루와 저는 제가 하루 종일 어떻게 보냈는지 매일 밤 얘기를 했죠, 오랫동안. 저는 그에게 얼마나 힘든 시간을 보냈는지를 털어놓았고, 언제나 루는 제가 잠들 때까지 부드럽게 제 등을 쓰다듬어 주었어요. 몇 달간 그가 등을 어루만져 주고 잔소리 없이 제 어려움에 대한 얘기를 들어주는 동안 제 폭식증이 마침내 사라지더군요. 그 때 이후로 한 번도 폭식하고 싶다고 느낀 적이 없어요. 벌써 수 년 동안이나요."

캐롤이 그녀의 얘기를 하는 동안 방안의 분위기는 서서히 바뀌어갔다. 아침 내내 독설스러움과 성급함으로 찡그러져 있던 루의 얼굴이 부드러워졌다. 캐롤 또한 개인적인 고백으로 생기와 자신감을 찾은 듯 보였다. 그리고 마침내, 루의 가장 신랄한 적수였던 니콜이 한 시간 만에 처음으로 여유로운 모습을 보였다. 얼굴과 몸에서 긴장이 사라졌고, 싸우려는 의도 대신 호기심을 갖고 몸을 앞으로 숙였다. 엘리자베스 또한 무관심한 태도를 버리고 얘기에 집중을 하고 있었다. 그녀는 주의 깊게 캐롤의 얘기를 들었다.

"어쨌든 이 이야기가 도움이 될 거라고 생각했어요. 물론 루는 완벽한 사람은 아니에요."

캐롤은 부드러운 웃음을 지으며 말했다.

"하지만 근본적으로 선한 사람이에요. 그래서 그와 결혼한 거고, 우리가 때로 싸우고 있음에도 우리의 결혼에 대해 만족하고 있는 이유이지요."

루가 고개를 약간 숙이자 몇 사람은 그가 사람들의 따뜻한 시선을 벅차하면서 감당 못하고 있다고 생각했다. 그러나 사실, 루는 수치심을 느끼고 있었다. 그는 캐롤이 말했던 일을 뚜렷이 기억하고 있었지만 그가 그렇게 이상적으로 산 적이 거의 없다는 사실을 알고 있었다.

"고마워요, 캐롤. 힘든 얘기를 해주셨네요." 유수프가 말했다.

캐롤은 고개를 끄덕였다.

"니콜," 유수프가 말을 이었다. "궁금해서 그러는데요, 캐롤의 이야기가 당신한테 어떤 영향을 주었습니까?"

니콜은 유수프의 갑작스런 질문에 할 말을 잃었다. 잠깐 생각을 정리한 뒤 대답했다.

"무슨 말씀이신지 모르겠군요."

"캐롤의 이야기가 루에 대한 인상에 영향을 주었나요?"

니콜은 그 질문에 잠시 생각했다.

"어느 정도는 그런 것 같네요."

"엘리자베스? 당신은 어떤가요? 당신도 이야기에 영향을 받았나요?"

엘리자베스는 루를 잠시 바라본 뒤 대답했다.

"네, 영향을 받았어요."

"그럼 이제 두 분 모두 루가 오늘 말했던 모든 것이 옳았다고 생각하시나요?"

"아뇨." 니콜이 재빨리 대답했지만, 조금 전까지 목소리에 세웠던 날은 없어졌다.

"제가 루가 전적으로 틀렸다고 생각하고 있었는지는 모르겠어요."

엘리자베스가 대답했다.

"굳이 말하자면 전 그냥 루가 흥미로운 사람이라고 생각했던 것 같아요."

"차라리 틀렸다고 하는 게 나을 것 같군요." 루가 농담을 던졌다.

"그럼 당신은 어떤가요, 루?" 유수프가 물었다.

"예를 들면, 이제는 니콜이 옳고 당신이 틀렸다고 생각하시나요?"

"아닙니다, 선생님." 루의 정중한 말에 루 본인을 포함한 모두가 놀랐다.

"하지만 당신 두 사람이 의견 차를 언제 더 잘 해결 할 수 있을 것 같습니까? 지금인가요, 아니면 삼십 분 전인가요?"

사람들은 두 사람을 재빨리 번갈아 쳐다보았다.

"지금일 것 같은데요." 루가 대답했다.

니콜도 동의의 표시로 고개를 끄덕였다.

"왜 그런 것 같습니까?" 유수프가 물었다. "당신은 여전히 다른 사람들의 입장에 동의를 안 하고 있는데, 왜 지금은 좀 더 해결책을 잘 찾을 수 있을 거라 생각하십니까?"

페티스가 대답했다. "당신과 아비가 그에 관해 얘기를 했잖아요. 캐롤의 얘기는 루를 인간미 있게 만들었고. 그리고 잘 모르겠지만, 아마도 루를 포함한 우리 모두가 조금 더 인간적이 된 것 같소."

유수프가 동의했다. "조금 전과 분명 차이가 있는 것 같죠, 그렇지 않습니까?"

페티스와 다른 사람들은 동의하며 고개를 끄덕였다.

"그래서 만약 우리가 어려운 갈등에 대하여 근본적인 해결책을 찾으려면, 우리 자신에 대해 먼저 알아야 합니다. 다른 이들에 대한 우리의 생각과 감정, 태도에 악영향을 주는 우리 내면의 전쟁에서 빠져나올 방법을 찾는 것이 먼저입니다. 만약 우리가 내면의 폭력성을 끝내지 못한다면, 폭력에 종지부를 찍을 희망은 없는 겁니다."

"그럼 어떻게 합니까?" 페티스가 물었다.

"우리의 평화를 개선시킬 방법을 이해하기 위해 우리는 먼저 우리가 어떻게, 왜 전쟁 쪽으로 기우는지 알아야만 합니다. 하지만 벌써 점심 시간이 다 되었네요."

방 안의 모두가 거의 동시에 시계를 쳐다보고는 놀란 표정을 지었다.

"점심 식사 후 2시에 다시 여기에 모이세요. 그런 뒤 우리의 마음이 어떻게 평화에서 전쟁으로 바뀌는지에 대해 얘기해보죠. 괜찮죠?"

"좋아요." 모두가 대답했다.

"가시기 전에 한 가지 말씀드리겠습니다. 나가 계시는 동안, 여러분들이 마주치는 사람들, 당신 옆에 운전 기사, 서빙하는 사람, 배우자, 함께 온 파트너, 그 외에도 만나는 사람들을 볼 겁니다. 앞으로 90분 동안 모든 사람들을 나와 같은 존재의 가치를 지닌 한 인간으로 보도록 해 보시고, 어떤 결과가 발생하는지 한 번 알아보도록 하죠. 괜찮죠?"

모두들 일어서며 고개를 끄덕였다.

"그리고 테리와 칼, 잠시 두 분과 얘기할 수 있을까요?" 유수프가 말했다.

루는 방 안을 나가면서, 유수프가 그들에게 하는 말을 들었다.

"당신의 따님, 제니 양이…"

"네, 무슨 일이죠?"

"달아났어요…"

제 2부

나는 어떻게 마음의 평화를
잃어버리는가

평화란 싸움이 없는 것이 아니라,

마음의 힘으로부터 생겨나는 것이다

_ 스피노자

08

현실 세계

"방금 그 말 들었어, 캐롤?" 루가 주차장으로 가는 캐롤 뒤를 따라가며 말했다. "제니라는 아이 말이야. 오늘 아침에 소리치고 난리 법석을 피우던 애. 그 애가 도망을 쳤다는군."

"어디로요?"

"어디론가 갔겠지. 그냥 마을 쪽으로 도망을 쳤다는군."

캐롤은 걸음을 멈추었다.

"너무 끔찍하네요." 도로를 바라보며 캐롤이 말했다.

"불쌍하기도 해라. 발에 아무것도 안 신었던데. 우리도 찾아봐야 할까요?"

"유수프와 직원들이 잘 알아서 할거야." 루가 말했다.

좀 전 같았으면 캐롤은 루의 이런 말을 빈정거림으로 받아들였겠지만, 지금 한 말에는 유수프에 대한 어느 정도의 존중이 들어 있음을 느낄 수 있었다.

루는 시계를 힐끗 보았다.

"캐롤, 전화 몇 통을 해야겠어."

"지금요?"

"응. 회사 상황이 좀 엉망이야. 두 세명에게 전화해서 확인 좀 해야겠어."

"나중에 하면 안되나요?"

"오늘 저녁 끝날 때쯤에는 아마 다들 퇴근했을 거야. 그러니 지금 하는 게 낫겠어."

"예전에는 금요일 밤에 직원들 집으로 전화하는 걸 아무렇지도 않게 여겼잖아요. 그런데 오늘은 왜 지금 하려는 거죠?"

그녀는 조심스럽게 물어보았다.

루는 캐롤의 말이 무얼 의미하는지 알았지만 그는 자신이 아비와 유수프가 한 말에 신경을 쓰고 있다는 것을 알려주고 싶지 않았다. 캐롤의 질문에 직접적으로 대답하는 걸 피하며 루가 말했다.

"가능하면 집으로 전화하는 건 하고 싶지 않아. 다들 회사일 때문에 정신 없으니까 집에서까지 일하는 수고를 더해주고 싶진 않아서 그래."

"알았어요. 그럼 제가 가서 먹을 걸 좀 사올게요."

"고마워."

루는 대답을 한 후 전화 걸 조용한 장소를 찾기 위해 몸을 돌렸다.

누구에게 가장 먼저 전화를 걸지 알고 있었다. 비서였다. 하지만 신호음이 여러 차례 울리고 난 뒤 자동응답기가 전화를 받았다. '도대체, 어디로 간 거야!' 루는 자제하지 못하고 속으로 화를 냈다.

"메시지를 남겨주세요." 비서의 활기찬 음성 녹음이 들렸다.

"수잔, 루요. 회사 일을 확인하러 전화했소. 다시 전화하겠소."

전화를 끊으려던 순간에, 루는 갑자기 전날 사무실을 나올 때 비서에게 고함을 쳤던 게 생각났다. 루는 문득 그런 행동을 한 게 후회가 들었다.

"그리고 한 가지 더 있소." 루는 자기도 모르게 말하고 있었다.

"난, 그러니까…"

그는 망설였다.

"어제 회사 나오는 길에 그렇게 화를 내서 미안해요. 그러려던 건 아니었어요. 그냥 회사 일 때문에 마음이 무거워서 그랬던 것 같소. 미안하게 생각해요. 어쨌든 이 말을 하고 싶었소. 계속 수고하시오."

"계속 수고하라고?" 루는 전화를 끊으며 마지막 말에 대해 생각했다.

"다른 말을 할 수는 없었나? 계속 수고하라니." 루는 스스로가 한심해져 머리를 흔들었다.

"세상에. 베트남전 시절의 군대 모드가 여전히 몸에 박혀있군. 없어지질 않아."

그는 군대 말투를 쓴 게 마음에 걸렸지만, 어쨌든 수잔에게 사과를 한 것에 대해서는 마음이 뿌듯했다. 하지만 두 번째 전화는 걸기가 그다지 쉽지 않았다. 임원들의 항명을 선동한 케이트 스테나루드에게 전화를 해야 했기 때문이었다.

케이트는 재그럼사의 초기 직원 20명 중 한 명이었다. 대학에서 역사를 전공 한 뒤, 구매담당 사원으로 입사한 직후부터 그녀의 훌륭한 자질이 드러났었다. 영리한 두뇌와 친근성, 일에 대한 진지한 열정은 그녀를 영업 부서의 최고 책임자 자리로 고속 승진케 했다. 어린 나이에도 불구하고, 3월의 반발이 있기 전까지 모든 사람들은 그녀를 루의 후계자로 생각했다. 그녀는 회사를 운영하기에 충분한 비전과 두뇌를 가졌는데다, 직위에 상관없이 그녀 주변 사람들에게 깊은 감사함을 느끼고 있는 사람이기 때문이었다. 매일 아침 출근할 때, 그녀는 사원으로 입사했을 때와 같은 모습으로 사람들에게 인사를 하고 웃으며 얘기를 나누었다. 그녀는 거드름을 피우지 않고 다른 직원들과 같은 소박한 태도를 보였다. 이런 모습 때문에 직원들은 그녀를 사랑했다. 그래서 케이트가 비 내리던 3월의 어느 아침에 회사를 떠나겠다고 말한 다음에, 마지못해 루의 명령에 따르는 경비들로부터 '호위'를 받으며 회사를 나갔을 때, 마치 회사의 마음과 영혼은 그녀를 따라 사라진 것 같았다. 루도 이런 사실을 알고 있었다. 비록 조금 전까지만 해도 그녀의 퇴사로 인한 영향을 부인하려고 했지만, 다른 4명을 합한 것 보다 그녀 한 사람을 잃은 손실이 회사로서는 더 큰 손실이다. 아마도 루가 회사를 떠나는 것보다도 케이트가 떠나는 것이 회사에 더 큰 영향을 주는 일일 것이다.

루는 케이트에게 전화를 걸어야만 했다. '하지만 뭐라고 말하지?' 루는 고심했다.

루는 마치 10대 시절 마음에 드는 소녀에게 데이트 신청을 할 때처럼 고민이 되었다. 뭐라 말해야 할 지 도무지 알 수가 없었다.

'젠장, 그냥 전화를 걸자!' 루는 속으로 외치고는 사춘기 시절에 느꼈을 법한 소심함으로 전화기 버튼을 눌렀다. 벨이 울리자 루는 무의식 중에 벨소리를 세기 시작했다. 한 번, 두 번, 세 번, 네 번. 전화벨 소리가 울릴 때마다 속으로 두려움이 점점 커져갔고 만약 벨이 여섯 번 울릴 때까지 케이트가 전화를 받지 않으면 전화를 끊자고 생각했다.

여섯 번째 벨소리가 다 끝나기도 전에 그는 전화를 끊어 버렸다. 눈썹에 땀이 송글송글 맺히고, 마음에는 커다란 안도감이 들었다.

'뭐, 어쨌든 시도는 했으니까. 나중에 다시 걸자.' 루는 속으로 생각했다. 하지만 그의 두근거리는 심장은 그가 전화를 다시 걸 용기를 갖지 못하리라고 말하고 있었다. 수일 동안, 어쩌면 영원토록.

'그래, 이번에는 진짜 업무적인 통화를 해볼까.'

존 렌처의 번호를 누르며 루는 생각했다. 존은 지역 노조의 대표로 파업을 하겠다고 위협하고 있는 사람이다.

"여보세요?" 목소리가 들렸다.

"존." 루는 인사라기 보다는 호출하듯이 말했다.

"그런데요."

"루 허버트요."

존은 묵묵부답이었다.

존에게 짜증이 나려는 바로 그 순간에 루는 모든 사람을 나와 같이 중요한 한 인간으로 보라는 유수프의 숙제를 떠올렸다.

"이봐 존, 내 말 좀 들어봐요." 루는 할 수 있는 최대한의 친절한 목소리로 말을 했다.

"내가 나중에 회사에 가면 함께 만나서 제안서를 한 번 훑어보고 싶은데."

"혼자서 훑어보시죠." 렌처가 쏘아붙였다.

"일주일 동안 제안서를 갖고 있었잖아요."

"난 그냥 자네랑 내가 직접 논의를 하면 일이 더 잘 풀릴 수 있을 것 같아서 그래."

루는 최대한 협조적인 목소리로 말했다.

"아직도 나한테 더 원하는 게 있나요?"

"아니, 어떤 식으로든 협상을 하자는 거요."

"아뇨, 그 말은 최후 통첩이에요. 잘 들으세요. 우리 요구를 들어주지 않으면 회사 문을 닫게 하겠어요. 너무 오랫동안 우리를 강압적으로 몰아붙였어요. 이젠 끝이에요, 루."

"그럼 내 말 잘 들어, 이 얼간아." 루는 참지 못하고 마침내 폭발했다.

"퇴근 시간만 기다리면서 아무 것도 안 하는 바보들을 데리고 나가서 다른 회사나 망치지 않도록 해. 하지만 이런 식으로 회사를 나가면 재그럼에서는 다시는 일 못하게 될 줄 알아. 노조원들이 다시는 회사 문으로 들어오지 못하게 하겠어. 당신 알아들었어?"

"당신이나 내 말 알아들어요!" 존이 되받아 소리쳤다.

"내 말 알아들었냐고 말했어!"

그러나 전화는 이미 끊어져 있었다. 존이 전화를 그냥 끊은 것이었다. 루는 전화기를 벽에다 집어 던지며 분노로 소리쳤다.

"바보 같은 숙제같으니!" 그는 버럭 소리를 질렀다.

"사람들을 인간으로 보라고!"

그는 냉소적인 어조로 빈정거리듯 중얼거리기 시작했다.

"무슨 그런 말이. 유수프는 진짜 직장 생활을 안 해봐서 그래. 조금도 아는 게 없어!" 그는 허공에 대고 빈정거리며 말했다.

"우리 회사 노조에게 그렇게 나긋나긋한 말을 해보라고. 참 제대로 먹히겠군. 그리고 테러리스트들한테도 그래 보시지. 코리한테도. 다들 모두 개처럼 뒹굴며 당신의 충만한 사랑을 듬뿍 받아서 행복에 겨워 헥헥 거리겠군."

그는 여기저기 앞뒤가 맞지 않는 그의 말에 어이 없다는 듯 웃으며 머리를 흔들었다. 반쯤은 화가 나서 반쯤은 역겨움에서.

"정말 시간 아깝군. 여기에 있는 건 완전 시간 낭비야."

캐롤이 테이크아웃 포장이 된 점심을 사 들고 오자, 루는 그녀가 건물을 들어가기 전에 앞을 가로 막았다.

"캐롤, 여기를 떠납시다."

"네?" 캐롤은 깜짝 놀라 물었다.

"내 말 들었잖아. 떠나자고?"

"떠나자고." 캐롤은 믿을 수 없다는 듯 그의 말을 반복했다. "왜요?"

"왜냐하면 이 곳에 있는 건 시간 낭비야. 내게는 낭비할 시간 같은 건 없어."

캐롤은 그를 조심스럽게 바라보았다. "전화 통화가 잘못 되었나요?"

"아니야."

"알고 싶어요, 루. 무슨 일이에요?"

"알았어, 그렇게 알고 싶다면 말해 주지. 생각이 다시 현실로 돌아온 것뿐이야. 그렇게 된 것뿐이라고. 누군가가 나의 의식을 다시 깨워주었어. 서둘러, 어서 여길 떠나자고."

그 말을 한 뒤, 루는 차를 향해 걷기 시작했다.

하지만 캐롤은 꼼짝도 하지 않았다.

"캐롤, 떠나자니까."

"알아요, 하지만 난 갈 수 없어요. 지금은 안돼요, 루. 여기 있으면 얻는 게 너무 많아요."

"얻는 건 하나도 없어, 캐롤. 그러니까 가자는 거야."

"아뇨, 루. 여기 머물러야 해요. 우리가 여기서 배우기 시작한 것들은 우리가 그동안 무관심했던 것들이에요. 뭘 배우게 될지는 몰라도 여기서 얻을 것이 많아요. 떠나면 안돼요, 루."

"좋아, 당신은 여기 남도록 해." 그는 가볍게 손목을 흔들며 그녀더러 가라는 손짓을 했다. "난 떠날 테니까."

캐롤은 조용히 서 있었다. 아침 내내 마음 속에서 조금씩 커져 오던 희망이 일순간에 사라지고 있었다.

'남편을 인간으로 보자. 남편을 인간으로 보자.'

그녀는 속으로 되뇌었다.

'남편을 계속 인간으로 봐야 해.'

"루!"

루는 멈춰 서서 그녀를 돌아보았다.

"왜?"

"여보, 만약 당신이 여길 떠난다면" 그녀가 말했다.

"나도 당신을 떠나겠어요."

"당신이 어떻게 하겠다고?"

바로 그 순간, 캐롤은 자신이 루를 얼마나 사랑하는지를 깨닫고 가슴이 메어졌다. 그의 호전성에도 불구하고, 캐롤은 마음 속으로는 그에게 화를 내지 않았다. 그리고 그의 완고함도, 그가 자신과 다른 이들에게 보여준 많은 멋진 일들에 대한 추억을 씻어내지 못했다. 그가 남을 배려하고 사랑한 순간은 많았다. 특히 캐롤과의 은밀한 시간에는 매우 자상한 사람이었다. 루는 많은 사람들과 있을 때보다 한 두 사람과 있을 때의 모습이 더 나았다. 대다수의 사람들은 그와 반대로 행동한다는 걸 캐롤은 알고 있었다. 그리고 루가 여러 사람들과 있을 때는 거칠지만 개인적인 순간에 자상하다는 사실은 다른 사람들 앞에서만 자상한 모습을 보이는 다른 이들보다 그의 선한 면과 좋은 점을 두드러져 보이게 한다고 생각했다.

'그래.'

그녀는 속으로 생각했다.

'만약 인생을 처음부터 다시 살 기회가 온다 해도, 난 그를 선택할 거야.' 이런 마음이었기에 그녀는 자신의 입으로 "난 당신을 떠나겠어요, 루. 진심이에요."라고 말했을 때 캐롤은 진정으로 놀랐다.

루는 한 마디도 않고 서 있었다. 그의 몸의 모든 근육 하나하나가 얼어붙은 듯 했고, 그녀가 떠나버릴까 봐 움직이는 것조차 두려웠다.

"캐롤"

루가 거의 애원조로 마침내 말했다.

"설마 진심은 아니겠지?"

캐롤은 약간 고개를 끄덕였다. "진심이에요."

"하지만 오해 말아요." 그녀가 덧붙였다. "당신을 떠나고 싶어서 그러는 건 아니에요. 하지만 그렇게 할 거예요."

이 말은 루를 완전히 패배시켰다.

"루, 우리는 여기 있어야 해요. 코리를 위해서도 그렇게 해야 해요. 코리 뿐만 아니라 우리를 위해서도요. 당신 회사를 위해서도요." 캐롤은 말을 이었다. "그리고 케이트를 위해서도요."

케이트에 대한 언급이 루를 꼼짝 못하게 했다. 그리고 그가 케이트에게 전화를 할 필요가 있다는 걸 안 순간에 느꼈던 기분을 다시금 느끼게 했다. 그 순간이 아주 오래 전인 듯 느껴졌다.

그는 어깨를 늘어뜨리고서 깊은 한숨을 쉬었다.

"알았어, 캐롤." 그는 절망적으로 말했다.

"당신이 이겼어. 여기 남도록 하지."

그런 후 그는 말을 멈추었다.

"하지만 오늘 밤까지만이야."

09

다른 사람과 함께
존재하는 세상

　루는 다른 사람들이 방 안으로 들어오는 걸 지켜보며, 캐롤이 사다 준 멕시칸 음식을 먹었다. 서로를 곁눈질로 보며 싸늘하게 보낸 아침과는 달리, 따뜻한 오후 햇살과 함께 방 안 분위기는 훨씬 가벼워져 있었다. 서로 주고 받는 대화에도 아침 내내 깃들어 있던 긴장감이 사라진 듯 보였다. 니콜은 미구엘과 깊은 대화에 빠져 있었고 실제로 이를 즐기는 듯 보였다. 엘리자베스와 캐롤은 방 뒤편에서 다정하게 어깨를 맞대고 함께 캠프 모리아 팜플렛을 훑어보고 있었다.

　루가 사람들의 이런 모습을 관찰하는 동안, 페티스가 루의 뒤쪽으로 조용히 다가왔다.

"그럼, 루" 마치 하다 만 말을 계속 이어가듯 페티스가 말을 걸어왔다.

"베트남에 4년 있었다고요."

루는 고개를 끄덕였다.

"정말 존경스럽군요. 나도 거기에 있긴 했지만 땅 위에서 전투를 하는 것과 정글 위로 날아다니는 건 다른 거죠. 공군들은 다 그렇게 생각해요."

루는 그의 말에 고맙다는 듯 고개를 끄덕였다. 평화시에는, 공군 비행사들은 자신들이 땅 위의 보병들보다 훨씬 우수한 존재라고 생각한다. 보병들 또한 스스로 그런 생각을 하며 자신들이 더 못하다는 콤플렉스를 갖고 있다. 하지만 어느 누구도 그런 사실을 입 밖에 내어 인정한 적은 없었다. 그러나 전쟁 시에는 상황이 정반대가 된다. 하늘 높이 날아다니는 공군 비행사들은 땅 위에서 재빠르게 싸우는 보병들에게 깊은 존경심을 갖게 되고, 땅 위에서 전투를 벌이는 군인들은 그들을 지원해주는 비행기의 우르렁 거리는 굉음을 들을 때면 공군들에게 고마움을 느끼게 된다. 그러나 마음 속 깊숙한 곳에서는 그렇게 잘 무장한 공군 비행사들이 한 번도 제복을 더럽힐 일이 없고, 진정한 용기에 대해 알게 될 만큼 적의 총구 가까이 가본 적도 없이 편하게 군 생활을 한다는 생각을 갖고 있었다. 그러나 베트남이든 다른 어느 전쟁터이든, 동료 군인들로부터 가장 큰 존경과 경외를 받는 건 역시 보병들이었다.

"고맙소, 페티스. 같은 퇴역 군인을 만나니 좋군요. 그나저나, 텍사스에서는 무슨 일을 하시오?"

루가 페티스와의 대화를 시작한 지 5분 정도 지나자, 아비와 유수프가 방으로 들어 왔고, 루와 페티스를 포함한 모든 사람들은 자리에 앉았다. 루는 딸이 도망쳤는데도 편안한 얼굴을 한 제니의 부모를 보고 놀랐다.

"모두들 계시네요." 아비가 인사를 했다. "다음 내용으로 넘어가기 전에, 혹시 질문 하실 분 계십니까?"

루가 얌전히 손을 들었다. 버럭 소리를 지르며 질문하지 않은 것은 이번이 처음이었다.

"제니는 어떻게 됐습니까?"

"제니는 괜찮아요." 유수프가 대답했다. "여러분들이 알다시피, 저희가 토론을 시작한 직후에 제니는 달아났어요."

"제니를 찾았나요?" 루가 물었다.

"사실, 저희는 제니를 붙잡을 생각이 없습니다." 유수프가 대답했다.

"이건 자발적 프로그램이라서, 어떤 누구도 억지로 가입시키지 않습니다. 하지만 제니의 신변이 안전하도록 최대한 노력할 겁니다. 그리고 최선을 다해 제니가 우리 프로그램에 자발적으로 참여할 수 있도록 노력할 겁니다."

루는 혼란스러웠다. "그럼 지금 어떤 조치를 취하고 계신 겁니까?"

"우리 직원 두 명이 제니를 찾고 있습니다. 제니와 대화를 나누려고요. 그리고 다른 직원들을 실은 트럭도 보이지 않게 제니 뒤를 따라가고 있습니다. 다 괜찮아질 겁니다." 그는 미소 지었다.

"다른 질문 없습니까?"

루가 다시 손을 들었다.

"여태껏 얘기하신 '사람을 인간으로 보거나, 대상으로 보기'에 관한 구별 말이오." 루는 약간 경멸감을 담은 듯한 어투로 말했다.

"그건 대체 어디서 온 겁니까?"

아비가 먼저 입을 열었다. "철학 사상에서 온 겁니다. 그 부분에 관해 약간 설명을 해드리는 게 나을 것 같네요." 아비가 말해도 괜찮느냐는 듯한 눈짓으로 유수프를 바라보자, 유수프는 고개를 끄덕였다.

아비는 부모들 쪽으로 몸을 돌렸다.

"사실 철학 얘기를 하기가 좀 망설여지는데요." 아비는 쑥스러운 듯 웃음지으며 말했다.

"점심 식사 후 바로 하기에는 좀 그런데, 하지만 얘기 나온 김에 하는 게 낫겠죠. 일 이분 정도 걸릴 겁니다. 혹시 여러분 들 중에 철학에 관해서라면 듣고 싶지 않으신 분들이 있다면, 잠시 귀를 막고 계세요." 그는 방안을 둘러보았다.

"모두들 데카르트를 알고 계시죠?"

"프랑스인 치고는 좋은 철학자였죠." 엘리자베스가 말했다.

그녀는 잔뜩 짜증난 듯한 모습을 보인 아침과는 달리 손을 편안히 무릎에 놓은 채, 의자에 기대고 있었다.

"사실 좋은 편이었죠." 아비가 싱긋 웃었다. 다른 사람들을 바라보며 아비는 말을 이었다.

"데카르트는 현대 철학의 창시자였습니다. 존재에 관한 모든 것을 설명하려 했던 야심찬 철학 이론으로 유명하죠. 그리고 그의 철학이론의 기반이 되는 이런 말도 했습니다. '나는 생각한다. 고로 나는 존재한다'라고요."

방 안 모든 사람들도 알고 있는 말이었다.

"데카르트의 이 말에는 여러 가설이 담겨 있습니다. 그 중에 가장 중요한 가설은 각 인간의 의식 상태를 '나(the I)'라고 표현한 것입니다.

데카르트 이후 수백 년 동안, 많은 철학자들은 현대 철학이 중요시하는 것들에 대해 문제를 삼기 시작했습니다. 개인주의적 가설을 밑바탕으로 데카르트가 오래 전 논의했던 철학에 관해서요. 하이데거는 데카르트의 철학을 열심히 논한 철학자 중 하나였습니다. 만약 하이데거가 데카르트와 동시대를 살았던 철학자였다면, 아마 데카르트에게 이런 질문을 했을 겁니다. '데카르트, '나는 생각한다. 고로 나는 존재한다'와 같은 사상을 그렇게 뚜렷이 표현한 언어를 대체 어디서 습득하였소?'라고요."

아비는 사람들이 그 질문에 대해 생각하는 동안 방 안을 둘러보았다. 그런 뒤 그는 말을 이었다.

"당연히 데카르트는 그런 문장을 만들어 낼 수 있는 어휘를 다른 사람들로부터 얻었으며, 다른 사람들과 함께 생각할 수 있는 능력까지도 습득했습니다. 무슨 말이냐 하면, 다른 이들과 철저히 분리되고, 개별화된 나에게서는 그런 문장이 떠오르지 않는다는 겁니다." 이 사실이 데카르트의 이론에 어떤 의미를 갖는지 한 번 생각해보세요.

'다른 사람과 함께 세상에 존재한다는 사실'이란 명백한 진실을요.

데카르트는 많은 사람들 속에서 다른 사람들과 분리된 자신이 가장 근본적인 주체라는 걸 깨달았던 거죠. 바로 다른 사람들과 함께 사는 세상 속에서 언어를 배웠기 때문이었습니다." 존재방식이 인간 경험에 가장 근본적인 것이라는 생각을 하게 되었습니다.

"그럼, 결국 나 자신이란 다른 이들과 완전히 분리되어 동떨어진 존재가 아니라, 다른 이들과 함께 있는 존재라는 사실을 이론의 근본으로 삼은 거라는 얘기를 하시는 거죠?" 루가 물었다.

"바로 그렇습니다." 아비가 동의했다.

"데카르트의 이런 핵심적인 가설은 그와 같은 시대를 살았던 사람들로부터는 인정 받지 못했습니다. 그러다 나중에 개인주의를 비판하던 하이데거가 독립된 자아에서 다른 사람과 함께 존재하는 자아로 철학적 세계관의 초점이 바뀌게 되었습니다.

하이데거와 동시대를 살았던 마틴 부버도 하이데거의 이런 생각에 동의를 하게 되었습니다. 부버는 이 세상에는 기본적으로 두가지 존재방식이 있다는 것을 알게 되었습니다. 바로 '나-너〈I-Thou〉', 즉 다른 사람을 '인간'으로 보는 방식과 '나-그것〈I-It〉', 즉 다른 사람을 '대상'으로 보는 방식입니다. 그리고 우리는 매 순간마다, 사람들을 인간으로 보거나 대상으로 보는 '나-너〈I-Thou〉' 혹은 '나-그것〈I-IT〉'이라는 존재로 살아가고 있다고 주장했습니다.

그런 뒤 아비는 루를 돌아보며 말했다. "마틴 부버가 처음으로 이 두 가지 기본적인 존재방식을 알게 되었고 그걸 공식화한 사람이라고 말하는데 시간이 꽤 걸렸군요. 부버는 처음으로 우리가 다른 사람을 대상으로 볼 때와 인간으로 볼 때 갖게 되는 경험의 차이점을 분명하게 말한 사람이었습니다."

아비는 주변을 둘러 보고서는 "좋아요, 이제 철학 얘기는 여기까지입니다."라고 말했다.

"네, 거의 다되었지만, 제가 한 가지 사실을 더 알려드리죠." 유수프가 미소를 지으며 아비의 말을 이어 받았다.

"부버의 이러한 두 가지 존재방식에 대한 생각은 우리가 어떻게 하나의 존재방식에서 다른 존재방식으로 옮겨가는가 하는 의문을 떠올리게 합니다. 즉, 어떻게 하면 사람을 인간으로 보는 것에서 사람을 대상으로 보게 되는가 하는 거죠. 아니면 그 반대 상황으로요. 안타깝게도 부버는 이 의문에 대한 답이 될 만한 것을 한 번도 말하지 않았습니다. 그는 단순히 두 가지 존재방식이 있다는 것과 그 둘의 차이에 대해 말했을 뿐이었습니다. 이제 우리가 원할 때에 어떻게 우리가 존재방식을 바꿀 수 있는가 하는 의문에 대한 답을 찾는 것은 우리 스스로 해야 합니다.

오늘 아침에 가정과 직장 그리고 우리가 사는 세상에서 발생하는 근본적인 문제들은 우리 마음이 너무나 자주 전쟁 중에 있기 때문이라고 말씀을 드렸습니다. 이걸 부버식으로 표현하면 우리는 너무나 자주 사람들을 대상으로 보고 있다는 것이죠. 바로 다투려는 마음이 다른 사람을 대상으로 보면서 분쟁의 전쟁터로 끌어들인다는 것입니다.

마음 속의 평화를 찾기 위해서, 우리는 자신 뿐만 아니라 다른 사람들도 우리가 어떻게 마음 속에 평화나 전쟁을 선택하게 되는지 먼저 이해해야만 합니다."

"하지만 어떤 경우에는 우리 스스로가 전쟁을 선택하지는 않아요." 루가 끼어들었다. "오히려 전쟁이 우리를 선택하는 경우도 있어요."

"맞습니다, 루." 유수프가 동의했다.

"때로는 우리 자신을 보호하느라 그렇게 되는 경우도 있습니다. 하지만 그런 상황과 우리가 무조건 남을 경멸하고 모욕하고 화를 내고 얕잡아 보는 것과는 다릅니다. 아무도 우리에게 우리의 의지에 반하여 억지로 전쟁 중인 마음을 가지라고 할 수는 없습니다. 우리가 전향을 향한 마음을 가질 때, 우리 스스로가 우리를 전쟁터로 몰아 넣는 선택을 한 것입니다."

"어떻게요?" 루가 물었다.

"이제 그 이야기를 해 드릴 것입니다." 유수프가 대답했다.

10

전쟁을
선택함

유수프가 이야기를 시작했다.

"저는 예루살렘의 서쪽 경계에 위치한 언덕 위 다이르 야신이란 마을에서 자랐습니다.

마을에는 온통 돌벽집이 가득했습니다. 제가 살았던 집은 대대로 두 세기에 걸쳐 조상들이 살아온 집이었죠. 생활은 평온했습니다. 하지만 1948년 4월 9일 아침, 이스라엘 건국을 둘러 싼 아랍인들과 유대인들 간의 싸움이 최고조에 달한 순간에, 그 평온이 끝났습니다. 저는 그 당시 겨우 다섯 살이었지만 아직도 그 날 아침이 생생히 기억납니다. 그날은 평소와 달리 고함소리와 총 소리에 잠이 깼습니다. 당시 우리 마을은 유대인 지하 군대 조직으로부터 공격을 받고 있었습니다. 그건 나중에 알게 된 사실이었죠. 총소리가 들리자 아버지는 저를 침대에서 잡아 내리시고는 저와 제 두 여동생을 부모님 방으로 밀어 넣었습니다. 그런 후 침대 매트리스 밑에서 장총을 꺼내 들고 부츠를 신은 뒤 밖으로 뛰어 나가셨습니다.

'집안에 꼼짝 말고 있어' 라고 아버지가 저희한테 소리치셨죠. '무슨 일이 있어도 밖으로 나오면 안돼, 알았지? 내가 돌아올 때까지, 신이 지켜주실 거다.'라고 하시면서요.

그런데 그 말이 아버지로부터 들은 마지막 말이었습니다. 싸움이 끝나자마자 저희 가족은 돌벽 집을 나와 아버지를 찾아 다녔습니다. 아버지는 잘려나간 팔 다리와 다른 시신들 사이에 누워있었습니다."

"너무 끔찍한 얘기에요." 리아가 가슴이 아프다는 듯 애통하게 말하자 "이미 수십 년 전 일입니다."라며 유수프가 담담하게 대답했다.

"아버지께서 돌아가신 후 수년 동안 저와 저희 가족은 힘든 생활을 겪었습니다. 안 그랬다고는 도저히 말할 수 없죠. 하지만 그런 비극을 겪은 건 저희 가족만이 아니었습니다."

그 때 엘리자베스가 갑자기 끼어들었다. "제 친구들 중에 유대인들이 몇 명 있는데, 그들도 비슷한 이야기를 하던데요."

"그럴 겁니다." 유수프가 말했다.

"제게도 그런 경험을 한 유대인 친구들이 있습니다. 한 예로 저희 마을이 공격 당하던 시각에 크파르 에찌온이란 유대인 마을이 아랍 군에 의해 공격을 받았으니까요. 그 마을 주민들은 거의 몰살당했죠. 그러니 제가 유대인들이 겪은 것보다 더 끔찍한 경험을 했다고는 말할 수 없죠. 제 이야기를 하는 것이 오직 아랍인들만이 부당하게 고통을 받았다고 말하는 것은 아닙니다. 혹시라도 그렇게 들렸다면 미안합니다. 예를 들면, 아비의 아버지는 아랍인 공격에 맞서 나라를 지키다 돌아가셨습니다. 아비가 아버지를 잃은 상처는 제가 아버지를 잃고 느꼈던 고통만큼이나 큽니다. 수 년 동안, 수 세기 동안, 폭력은 증오스러울 정도로 어디에나 있었습니다. 피비린내 나는 진실이자 비극이죠."

루는 유수프가 아랍인들이 포악한 행동을 했다고 말한 것이 기뻤다. 하지만 한편으로는 불편한 마음도 들었다. 좀 더 부당하게 고통을 받은 쪽은 이스라엘 사람들이라고 생각하고 있었기에 유수프가 아랍인들과 이스라엘 사람들이 똑같이 고통을 받았다고 너무 쉽게 말하는 듯 여겨졌다. 루는 확신하지는 못했지만, 엘리자베스도 자신과 비슷한 생각을 하리라고 여겼다.

"제 아버지가 돌아가신 후에." 유수프가 말을 이었다. "어머니는 저희들을 이끌고 이 마을 저 마을을 돌아다니시다 요르단에 피난처를 마련하셨습니다. 자르쿠아라는 이름의 마을 안에 있던 피난민 캠프에 자리를 잡았죠. 요르단 암만시의 북서쪽에 있던 마을이었습니다. 이스라엘에서는 독립 전쟁이라 부르는 1948년 전쟁 이후 요르단이 웨스트 뱅크를 연결하자, 어머니는 요르단 강 서쪽에 있던 베들레헴으로 가족들을 데려갔습니다. 제 고향 마을에서 불과 몇 마일 떨어진 곳이었습니다.

저희 가족은 베들레헴에서 아시마 이모와 함께 터전을 잡았습니다.

지금 생각해 봐도, 그렇게 슬픈 비극을 겪으셨는데도 어머니가 그렇게 고향집 가까운 곳에 터를 잡은 건 정말 용감한 행동이었다는 생각이 듭니다. 어머니는 당신의 뿌리가 있는 곳으로 가까이 가야만 한다고 느꼈었다고 나중에 말씀하더군요.

당시 베들레헴의 경제는 성지순례 온 기독교인들에게 크게 의존하고 있었습니다. 전쟁 탓에 성지 순례자들의 수가 크게 줄자, 상인들은 손님들을 붙잡으려고 아주 열심이었습니다. 그래서 수많은 호객꾼들이 생겨났고 저도 여덟 살이란 나이에 길거리 호객꾼으로 일하게 되었습니다. 제가 할 일은 성지 순례객들이 저를 불쌍하게 여기도록 만든 뒤 가게로 데리고 가는 거였습니다. 어린 나이에 서툰 영어를 쓰며 서방 문화와 접촉하기 시작한 거죠. 그러나 유대인들과는 접촉할 생각도 별로 없었고 사실 그럴 기회도 없었습니다.

유대인들은 당시 요르단이 연결한 웨스트 뱅크에서 쫓겨난 상태였습니다. 유대인 구역과 아랍인 구역을 관통하던 경계선 끝에서는 늘 총성이 들리고 사망자가 생겼습니다. 우리는 여전히 적들과 싸우고 있었던 거죠."

이런 사실들은 모두가 알고 있는 표면적인 사실들입니다. 하지만 속으로 감춰진 진실은 좀 더 미묘합니다.

호객꾼으로 일할 때 저는 한 유대인 장님과 같은 길에서 일하고 있었습니다." 우리는 그 길을 지나가는 같은 성지 순례자들에게 호소하고 있었던 겁니다."

유수프는 긴 이야기를 한 뒤 잠시 말을 멈추었다.

"이제까지의 저의 과거사가 중요한 게 아니라 지금부터 들려드리는 이야기가 바로 제가 하고 싶은 이야기입니다. 저와 같은 길에서 같은 성지순례객들에게 호소하던 한 유대인 장님, 모데카이 라본이라는 사람이 있었습니다. 종종 저는 그에게서 1 피트도 안 떨어진 가까운 위치에 있었기에 저는 목소리만으로도 그를 알아볼 수 있을 정도였죠. 하지만 저는 한번도 그에게 말을 건넨 적이 없었습니다. 아주 가끔 모데카이가 제게 말을 걸려 한 적이 있었지만 저는 전혀 대꾸도 하지 않았습니다.

그러던 어느 날, 모데카이가 행인에게 구걸하다 발을 헛디뎠습니다. 그 순간 지갑이 바닥에 떨어지며 활짝 열렸고, 그 안의 동전들이 사방에 떨어졌습니다. 장님이었던 그는 지갑을 먼저 찾아 움켜쥔 뒤에, 보이지 않는 동전들을 찾아 더듬거렸습니다. 그 모습을 보며 갑자기 제게 어떤 생각이 떠올랐습니다. 아마 여러분들도 그런 생각을 해보셨을 겁니다. 바로 무언가 해야 한다는 기분, 옳은 일을 해야 한다는 생각을요. 그런 생각을 열망(desire)이라 부르면 더 정확한 표현이 될 것 같네요. 저는 그 때 그를 돕고자 하는 바람, 먼저 그를 일으켜 세우고, 그의 동전을 찾아주고 싶다는 바람을 느꼈던 겁니다.

물론 제게 선택의 여지는 있었습니다. 제 감각적인 판단대로 행동하느냐 아니면 그것을 부정해 버리느냐 하는 것이었습니다. 제가 둘 중 어떤 행동을 취했을 것 같습니까?"

"아마도 도와주셨을 것 같은데요." 캐롤이 말했다.

"아니, 그 반대일거야." 루가 심술궂게 말했다. "도왔다면 이런 이야기를 해주지는 않았겠지."

유수프가 빙긋 웃었다.

"정확히 맞추셨네요. 루의 말이 맞아요. 저는 모데카이를 도와야 한다는 생각을 부정했습니다. 좀 더 정확히 말하자면 저는 돕고자 하는 열망을 배반하고 제가 옳다고 알고 있는 것과는 정반대의 행동을 했습니다. 그를 돕는 대신, 저는 그에게서 몸을 돌려 그가 있는 반대 방향으로 걸어갔습니다."

유수프는 사람들을 바라보며 말했다. "제가 걸어가면서, 모데카이 라본에 대해 어떤 말과 생각을 하기 시작했을까요? 혹시 짐작하시겠습니까?"

"'거기 그렇게 서 있었던 건 그의 잘못이야'라고 생각했겠죠. 나와 내 이웃들은 그가 그 장소에서 구걸을 하게 놔둘 만큼 친절했어. 어쨌든, 그는 나에게서 평화를 앗아간 적들 중의 한 명이야. 시온주의를 믿는 고집쟁이 위협자야' 뭐 이런 생각을 하신 거 아닌가요?" 니콜이 대답했다.

"누가 고집쟁이란 거죠?" 혼란스러운 목소리로 엘리자베스가 물었다.

"모데카이가 고집쟁이란 얘기는 아니에요." 니콜이 응수했다.

"저도 그런 말은 안 했어요." 엘리자베스가 어이없다는 듯 말하자,

"알겠네요. 그럼 제가 고집쟁이로군요. 그게 당신이 말하고 있는 건가요?"라며 니콜이 말했다.

"저도 모르죠. 전 그냥 물어본 것뿐이에요." 엘리자베스가 차갑게

이야기 했다.

"보세요. 모데카이는 고집쟁이였을 수도 있고 아닐 수도 있어요. 누가 알겠어요? 아마도 유수프와 그의 동네 사람들이 그를 그렇게 봤을 수도 있다고 말한 것뿐이에요. 그 말에 무슨 문제가 있나요?" 니콜이 차갑게 대답했다.

"없어요. 그렇게 말해주니 고맙군요." 엘리자베스는 그 말과 함께 화난 얼굴을 감추려는 듯 무릎을 내려다보며 치마 주름을 폈다.

"그래요. 저도 모데카이와 유수프의 땅을 갈라놓은 영국인들이 참 고맙군요. 물론 프랑스의 도움도 조금 받았지만요. 그런 행동들이 참 도움이 되었었죠."

니콜과 엘리자베스의 대화 속에 깃든 팽팽함으로 인해 순식간에 방 안에 긴장감이 감돌았다. 루는 두 사람의 대화를 좀 더 잘 듣기 위해 몸을 앞으로 숙였다.

엘리자베스는 니콜의 말에 잠시 아무 대꾸도 하지 않았다. "그건 확실히 밝혀진 게 아니잖아요. 그렇죠?" 엘리자베스가 아무 악의도 없는 목소리로 부드럽게 말했다.

"고집쟁이 발언으로 심사를 불편하게 해서 미안하네요. 제가 조금 지나쳤어요. 아마도 공격적인 저의 미국인 성향 때문에 그런 것 같군요. 아니면 제 성격 탓일 수도 있고요." 니콜이 좀 전과는 달리 태연하게 웃었다.

니콜의 웃음에 팽팽하던 방 안 공기가 순식간에 부드러워졌다.

"성격 탓일 것 같네요. 우리가 지금 미국인식으로 호전적으로 생각하고 싶어 하겠어요?”

“절대 그럴 순 없죠.” 엘리자베스가 웃었다.

“저는 잠시나마, 루를 두 사람 사이에 앉혀야겠다고 생각하고 있었어요.”

유수프의 이 말에 사람들이 박장대소를 하였다.

“뭐가 그렇게 재미있소?” 루가 애써 덤덤한 표정을 지으며 말했다.

사람들이 계속 웃어대는 동안 유수프는 칠판에 문장을 몇 개 적기 시작했다.

‘그 곳에 있을 권리가 없다’, ‘나에게서 평화를 앗아갔다’, ‘시온주의적 공격’, ‘고집쟁이’.

그가 모데카이를 본 시각을 나타내는 문장들이었다.

분필을 내려놓으며 그가 말했다.

“좋아요. 여러분들이 얘기한 것처럼 그 순간에 제가 모데카이를 이런 식으로 보기 시작했다면, 제 자신은 어떻게 보았을 것 같습니까?”

“희생자로요.” 페티스가 대답했다.

“‘실은 나는 이렇게 하는 것보다 더 나은 사람이야’라는 식으로요.” 니콜이 말했다.

“전 잘 모르겠어요. 아마도 스스로를 싫어하게 되었을 수도 있을 것 같아요. 스스로가 썩 좋은 사람은 아니라고, 마음 깊숙한 곳에서 느꼈을 것 같아요.” 캐롤이 조심스레 말했다.

“난 모르겠소. 그 말은 마치 변명처럼 들리는데.” 루가 반박했다.

“그게 변명인지 아닌지 한 번 알아보죠.” 유수프가 끼어들었다.

"하지만 제가 볼 때는 니콜이 제가 그 당시에 느낀 기분을 정확히 나타낸 것 같습니다."

"그렇다면 뭐." 루가 한 발 물러섰다.

"제가 또 어떤 생각을 했을까요?" 유수프가 물었다.

"저는 동전이 떨어졌다는 사실을 어떻게 외면할 수 있었을까에 대해 궁금한데요." 페티스가 말했다. "한 편으로는 당신이 희생자라는 생각에 상황을 외면하고 그냥 걸어갔을 것도 같지만 그렇게 한 또 다른 이유도 있을 것 같네요."

"말씀해 보세요." 유수프가 권유했다.

"글쎄요, 재빨리 그 상황에서 달아남으로써 스스로에게 변명을 하고 있었을 것 같은데요. 좋은 사람으로 보이기 위해서요."

"그게 무슨 말이죠? 그 상황에서 달아나는 게 어떻게 유수프를 좋은 사람으로 만듭니까?" 루가 물었다.

"물론 아니죠. 하지만 스스로가 좋은 사람이라고 주장하기 쉽게 만들어주죠. 만약 그가 좋은 사람으로 보이고 싶지 않았다면, 모데카이가 더듬거리며 동전을 줍는 모습을 옆에 가만히 서서 지켜보았겠죠. 하지만 재빨리 그 상황에서 달아남으로써 그는 그 상황을 못 본 것처럼 위장한 겁니다. 스스로의 위신을 지킨 거죠. 자신은 나쁘지 않다는 식으로 보이게요."

유수프는 페티스의 말에 웃기 시작했다.

"정말 흥미로운 생각을 하셨네요, 페티스. 그 말을 들으니 오늘 아침에 일어난 일이 생각납니다. 아침에 제가 샌드위치를 만들었는데요, 상추 한 장을 그만 바닥에 떨어뜨리게 되었습니다. 그냥 상추 한 장이니까 몸을 숙여서 그걸 주워 올리면 되는 거였지만, 전 그렇게 안하고, 발가락으로 그걸 싱크대 밑에 슥 밀어 넣은 겁니다. 제가 아내 리나에게 깔끔하고, 책임감 있는 좋은 사람으로 보이는 것에 신경 쓰지 않았다면 그런 식으로 하지는 않았겠지요. 그냥 상추를 바닥에 놔두었을 겁니다."

"왜 그냥 집어 들지 않았어요?" "정직하게요!" 니콜이 말했다.

"그렇죠." 유수프가 동의했다.

"그럼 왜 그 때 동전을 그냥 집어주지 않은 걸까요? 그게 바로 우리가 답을 찾아야 할 질문입니다."

그 말 뒤에 그는 '잘 보여지고 싶다'는 문장을 칠판에 적고는 사람들을 바라보았다.

"좋아요. 그럼 제가 모데카이와 저 자신을 우리가 여기에 적은 시선으로 볼 때, 저 자신이 처한 상황을 어떻게 바라보고 있었을까요?"

"부당하다고요." 니콜이 대답했다.

유수프는 그 말을 칠판에 적었다.

"그리고 불공평하다고요." 리아가 덧붙였다.

"부담이 된다고도요. 당신이 받은 모든 고통에 비추어볼 때, 당시에 화나거나 우울한 감정을 느꼈을 것 같은데요." 페티스가 말했다.

"맞아요. 온 세상이 당신에게 등을 돌리고 있다고 느꼈을 것 같아요. 바로 세상이 당신의 행복과 안전과 편안한 생활을 막고 있다고 느꼈을 것 같아요." 엘리자베스가 페티스의 말에 동의했다.

"훌륭합니다. 고마워요." 유수프는 분필을 내려 놓으며 말했다.

"이제, 페티스가 말한 내용에 대해 얘기해보죠. 아까 제가 화를 냈거나 우울해 했다는 이야기를 했었죠. 그럼 제가 그 때 세상을 보던 시선에 근거해서 여러분들이 보기에, 제가 당시 다른 기분도 느꼈을 거라고 생각하십니까?"

"좀 증오에 차 있었을 것 같군요." 니콜이 대답했다.

"좋아요. 훌륭합니다." 유수프는 칠판 다이어그램에 '분노한', '우울한' 옆에 '증오에 찬'을 적어 넣었다. "그러나 만약 왜 그렇게 느꼈느냐고 물으시면, 제가 무슨 말을 했을 것 같습니까?"

"그건 당신 잘못이 아니었다고요. 그건 이스라엘 사람들의 잘못이라고 했겠죠. 그들이 당신 아랍 민족들에게 한 행동 때문에 그렇게 느꼈다고요." 페티스가 대답했다.

"좋아요, 페티스. 아마도 그런 말을 했을 것 같네요." 유수프가 동의했다.

"다시 말하면, 저는 제 분노, 우울함, 증오에 찬 마음이 정당하다고 느꼈습니다. 모데카이를 판단하는 시각에 대해서도 정당하다고 생각했고요. 저는 제가 그렇게 느끼고 행동하도록 부추긴 이유가 있다는 식으로 생각했습니다. 안 그런가요?"

이 말에, 그는 '정당한'이란 단어를 다이어그램에 적어 넣었다.

"그 말이 제가 그 때 겪은 경험 전부를 나타내는 말입니다." 칠판을 가리키며 그가 말했다.

"난 아무런 잘못을 하지 않았다. 다른 사람들이 잘못한 거다. 이렇게 믿고 있었던 거죠. 안 그렇습니까?"

나 자신을 보는 시각	모데카이를 보는 시각
보다 나은	그곳에 있을 권리가 없는
피해자	나에게서 평화를 앗아간
나쁜 (할 수 없이)	시온주의적 공격
잘 보여지길 원하는	고집쟁이
감정	**세상을 보는 시각**
분노한	부당한
우울한	불공정한
증오에 찬	견딜수 없이 무거운
정당한	나에게서 등을 돌린

"그렇죠." 페티스가 대답했다. 다른 사람들도 페티스와 같은 생각을 갖고 있었다.

"그렇게 믿고 계셨죠."

"제 자신은 제가 보거나 행동하는 것에 아무런 책임이 없다는 식이었죠." 유수프가 말했다.

"그렇습니다."

"하지만 정말 그렇습니까?" 유수프가 물었다. "제가 그런 방식으로 즉, 여기 내가 이 상자안에 있을 때 믿게 된 방식으로 보고 느끼는 것이 전적으로 외부의 영향에 의해 그렇게 되었나요? 그렇지 않으면 오히려 제가 그런 방식들을 스스로 보고 느끼도록 그렇게 선택한 것인가요?"

"그럼 유수프 말은 사실 당신 자신이 화나고, 우울하고, 증오에 찬 기분을 느끼도록 결국 자신이 선택했단 말인가요?" 니콜이 의심스럽다는 듯 물었다.

"화나고 우울하고 증오에 찬 감정을 낳도록 한 결과를 가져온 것은 내가 그것을 선택하고 있었다는 것을 암시하는 것입니다. 모데카이나, 이스라엘 사람, 그리고 다른 누구도 아닌 바로 내가 선택한 것이었죠."

유수프는 온통 혼란스러운 얼굴을 한 사람들을 바라보았다.

"여러분들이 아는 것처럼 이게 바로 실제 일어난 일입니다. 저는 그 당시에 모데카이를 돕고 싶다는 감각적인 판단과 바람을 갖고 있었습니다. 그것이 바로 나 자신의 센스요. 바람이었습니다. 그를 돕는 게 옳은 일이라는 걸 알고 있었습니다. 하지만 이 욕구는 제게 선택의 여지를 주었습니다. 저는 돕고자 하는 센스를 따르거나, 그 센스를 부정하고 돕지 않겠다는 선택도 할 수 있었습니다. 제가 말하는 것은 우리가 옳은 일인 것을 앎에도 불구하고 항상 그 일을 하는 건 아니라는 것입니다. 그렇지 않습니까?"

"때로 우리는 누군가가 도움을 필요로 하는 순간에 옳다고 믿는 일을 합니다." 유수프가 어깨를 으쓱거리며 말했다.

"또 어떤 경우에는 그렇게 안 하기도 합니다. 누구나 다 그러죠. 바로 우리의 모든 행동에는 선택의 여지가 있는 겁니다. 그렇죠?"

다시 한 번, 사람들은 고개를 끄덕거렸다.

"올바른 것을 해야 한다는 생각을 머릿속으로 하면서도 이와 반대로 행동하도록 스스로 선택할 때, 그런 행동을 '나를 자유롭게 하는 관계'에서 자기배반이라 부릅니다. 어떤 특정한 순간에 올바른 행동을 하자는 자신의 생각을 배반하는 행위라는 말이죠. 다른 누구의 생각이나 기준이 아니라, 나 스스로가 바로 그 순간에 옳다고 느끼는 것에 대해 반하는 행동을 하는 것입니다.

"이렇게 자신을 배반하면서 하는 선택, 그것이 바로 전쟁으로 가는 선택입니다."

11

전쟁의
필요성

"자신을 배반하면서 하는 선택이 어떻게 전쟁(불화, 다툼, 대립 등)으로 가게 하는 선택이 된다는 겁니까?" 루가 유수프의 말에 심기가 불편하다는 듯 말했다.

"자기 배반 할 때, 사람들은 내가 아닌 다른 사람들이 문제라는 식으로 생각할 필요성을 느끼게 됩니다. 무엇이 갈등을 일으키는지, 그 갈등은 어떻게 풀 수 있는지를 생각하기 보다, 내 입장을 정당화시킬 무엇인가를 찾아야 할 필요성을 느끼게 되는 거죠. 또 다른 사람들도 내가 하는 것처럼 행동하게끔 만들어야겠다는 필요성도 느끼게 됩니다."

"그게 어떤 필요성입니까?" 페티스가 물었다.

"제가 모데카이를 돕겠다는 바람을 가졌을 때, 제가 그를 어떻게 보고 있었던 것 같습니까? 한 명의 인간으로 보았을까요, 아니면 하나의 대상으로 보았을까요?"

사람들이 모두 자신 없다는 듯 제각각 웅얼거렸다. "한 명의 인간이었겠죠."

"그럼 제가 그 당시에 여기 상자에 적어 놓은 감정대로 그를 보았을 때도 그를 한 명의 인간으로 보았을까요?"

이번에는 모두가 아무 말 없이 칠판만 바라보았다.

페티스가 먼저 말문을 열었다. "아뇨. 그를 제대로 사람취급 하질 않았어요. 그냥 그가 사람 모습을 하고 있다고만 생각하신 겁니다."

"그럼 그 때 모데카이가 저에게 한 명의 인간이었나요, 하나의 대상이었나요?"

"대상이었습니다." 페티스가 대답했다.

"그럼 어떤 것이 어떤 필요성을 불러 일으킵니까?" 유수프가 물었다.

페티스와 다른 사람들은 그 질문에 혼란을 느낀 듯 했다.

"무슨 말씀이신지 잘 모르겠는데요." 페티스가 말했다.

"제가 모데카이를 대상으로 보았다는 것은, 제가 무언가에 대한 필요성을 느꼈다는 말입니다. 그 필요성은 그를 인간으로 보았던 처음에는 느끼지 못했던 거죠. 제가 대체 무엇을 필요로 했을까요?"

여전히 사람들은 잘 모르겠다는 듯 아무 대답 없이 조용히 앉아 있었다.

유수프는 잠시 말을 멈춘 뒤 다시금 말했다.

"아마도 이 이야기를 해 드리면 답을 찾는데 도움이 될 것 같네요. 제 아버지는 목수였습니다. 제가 네 다섯 살쯤 되었을 때, 집을 재건축하는 것을 돕는 아버지를 따라 일터로 갔었어요. 그 집의 부엌은 아주 특이하고 벽은 휘어져 있었습니다. 아버지께서 제게 해주셨던 말씀 덕분에 아직도 그 집이 기억이 납니다. 아버지께서 이러셨거든요. '여길 봐라, 유수프. 우리는 이 벽을 정당화 할(바르게 맞출) 필요가 있단다.'

그 말을 듣고 제가 물었습니다. '정당화요, 아버지?'

'그래, 정당화. 어떤 것이 휘어지면, 우리는 그걸 바로 잡을 필요가 있단다. 그런 걸 정당화한다고 말한다. 이 벽은 휘어졌으니까, 바로 잡을 필요가 있는 거야.' 아버지께서 이렇게 말씀해 주셨습니다."

그 말을 한 뒤 유수프는 사람들을 둘러 보았다.

조용히 보던 캐롤이 침묵을 깨고 대답했다. "유수프도 모데카이 이야기 속에서 정당화 할 필요가 있었던 거네요. 그게 바로 말씀하고 계신 뭔가 필요성이 요구된다는 것 같은데요?"

"빙고." 유수프가 미소지었다.

"바로 그겁니다. 그럼 제가 모데카이를 도와야 한다고 느꼈을 때 제가 정당화 될 필요가 있었나요?"

"아뇨."

"왜 그렇죠?"

"그 때는 당신이 그에 대해 생각과 마음이 휘어지지 않았으니까요."

"바로 그겁니다." 유수프는 만족스럽다는 듯 고개를 끄덕였다.

"모두들 이 사실을 이해하셨습니까?" 유수프가 모두에게 물었다.

캐롤을 제외한 다른 사람들이 유수프를 향해 고개를 끄덕였지만, 유수프는 모두가 확실히 이해하고 있는 건 아니라는 느낌을 받았다.

"이건 제대로 이해하셔야 하는 내용입니다. 제가 안 보이는 눈으로 더듬거리며 동전을 줍던 모데카이로부터 등을 돌렸을 때, 그 전에는 휘어지지 않았던 내안에서 무언가가 휘어졌습니다. 그게 뭐겠습니까?"

"그 사람을 보는 당신의 관점이겠죠." 캐롤이 대답했다.

"그렇습니다. 그럼 그를 보던 제 관점을 휘게 한 것은 무엇이었습니까?"

"그를 더 이상 인간으로 보지 않게 되었다는 사실이죠. 모데카이는 더 이상 의미를 가진 존재가 아니게 된 거죠. 거의 의미 없는 대상이 된 거니까요." 이번에는 페티스가 대답했다.

"바로 그겁니다. 처음에 제가 그를 돕겠다고 느꼈을 때는 저의 인간관은 그를 인간으로 보고 있었습니다. 그러나 그의 인간적인 호소를 무시하기 시작한 순간에, 저는 제 내면 속에 새로운 필요성, 즉 그 전에는 존재하지 않았던 필요성을 하나 만들어냈습니다. 그건 바로 그의 필요사항에 응답하지 않아도 될 정당함이 필요했습니다. 저는 모든 생각을 내가 하지 않아도 될 자신을 정당화 시키는데 맞추었습니다.

이걸 한 번 생각해 보십시오. 모데카이의 실수가 무엇이었든 간에 언제 그 실수가 더 크게 보였을까요? 제가 그를 돕고자 하는 바람에 대해 배반하기 전일까요, 아니면 그 이후일까요?"

"그 이후에요." 모두가 대답했다.

"그럼 제가 모데카이와 똑같은 사람들이라고 치부하던 이스라엘인들이 언제 더 나쁘게 보였을까요? 제가 모데카이를 돕겠다고 한 순간일까요, 아니면 제가 그를 돕지 않기로 한 순간일까요?"

"후자입니다." 모두가 아이들처럼 또박또박 대답했다.

"그럼 이걸 한 번 보세요." 유수프가 말을 이었다.

"제가 제 자신을 배반할 때, 다른 사람들의 잘못된 점들이 제 마음과 정신 속에 똑똑히 새겨지고, 저는 그들을 끔찍한 존재로 여기기 시작합니다. 다시 말하면, 제가 의식적으로 그들이 실제 그런 것보다 더 나쁜 존재로 그들을 여기게 된다는 거죠. 그리고 그들이 더 나쁜 존재가 될수록, 저는 제 자신이 정당화 되었다고 더욱 더 믿게 됩니다. 고작 길거리에서 구걸하던 불쌍한 장님이 갑자기 저의 평화와 자유를 위협하는 더 나쁜 존재가 되는 거죠. 도움을 받아야 할 사람이 거꾸로 비난 받아야 할 대상이 되는 겁니다."

이 말을 한 후, 유수프는 칠판으로 몸을 돌려, 다이어그램에 방금 말한 내용들을 적어 넣었다. 그가 문장들을 쓰는 것을 마쳤을 때, 니콜이 물었다.

"하지만 만약 모데카이가 진짜로 유수프의 평화에 문제가 된다면요? 만약 그가 점잖은 장님이 아니라 아주 철저한 인종 차별주의자라면요? 그리고 만약 그가 당신 가족을 집에서 내몬 이스라엘인들과 사상을 같이하는 사람이라면요? 그런 상황이라도 당신이 정당화 될 수 없는 건가요?"

"그럼 만약 제가 생각과 마음이 휘어지지도 않았는데 저 스스로를 정당화 하도록 억지로 노력할 필요가 있을까요? 있다면 어떤 필요성이 필요한 거죠?" 유수프가 칠판에서 얼굴을 돌려 사람들을 바라보며 물었다.

니콜은 유수프의 대답에 아무 대꾸도 못했다.

"미안해요, 유수프." 그녀가 머뭇거리며 말했다. "저는 제가 물어본 게 궁금해서 그런 거예요. 전 그냥 당신이 나쁜 사람들을 좋게 보라는 것 같아서요."

유수프의 눈빛이 니콜의 대답에 부드러워지는 것 같았다.

"이 문제에 아주 신중하게 생각해 주셔서 감사합니다, 니콜." 그가 말했다.

유수프는 니콜을 보며 미소 지었다. 자신 스스로가 냉소적이었기에, 신중하게 이야기를 들어주는 사람들에게 유수프는 늘 고마워했다. "아마도 제가 모데카이와 이스라엘 사람들이 저지른 잘못에 대해서 그다지 나쁘지 않게 생각할까봐 걱정하시는 것 같네요. 제 말이 맞나요?"

니콜이 고개를 끄덕였다. "맞아요."

"제가 다른 사람 때문에 짜증나거나 화날 때 저는 제 자신에 이런 질문을 하나 합니다.

'내가 다른 사람에게 요구하는 기준을 똑같이 나에게도 적용하고 있는 것인가? 내가 다른 사람들의 잘못을 알고도 묵과하는 게 옳은 지에 대해 걱정할 때, 내 자신에 대해서도 같은 걱정을 할까? 상대방이 잘못된 고집을 부리는 것을 고쳐야겠다고 결심을 하는 것처럼, 내 자신에 대해서도 그렇게 결심할까? 저는 이런 질문을 늘 스스로에게 던집니다."

"만약 제가 제 자신의 잘못에 대해서는 그냥 무시한다면, 아마도 진실을 가로막는 짙은 안개 속에서 사는 것처럼 제 자신에 대해 제대로 모르는 채 살게 될 겁니다. 계기판에서 지시하는 것과는 정반대로 가야 한다는 생각을 가지고 구름 속을 나는 비행사처럼, 저는 제 자신과 다른 사람들, 그리고 저의 환경에 대해서 진실과는 다른 거짓을 생각하게 될 겁니다."

니콜을 뚫어지게 바라보며 그녀에게 눈을 맞춘 채 유수프가 말을 덧붙였다.

"아마도 모데카이 같은 사람들은 제가 그러리라고 생각하는 것만큼 다른 이들에게 편견을 갖고 있었던 사람은 아닐 겁니다."

"아마 모데카이 같은 사람은 그렇겠죠." 니콜이 여전이 그의 말에 반박했다.

"모데카이는 어땠는지 잘 모르겠지만, 제 주변 사람들은 전부 편견 덩어리예요."

유수프는 깊은 생각을 하는 듯한 눈동자로 니콜을 바라보았다. "아마도 당신 말이 맞을 겁니다." 그는 약간 포기하는 듯한 어조로 말했다.

"당신 주변의 사람들은 아마도 편견 덩어리겠죠. 어떤 사람들은 실제로 그럴 테고요. 그리고 아마 당신은 그런 편견 덩어리들로부터 부당한 취급을 받는 것 때문에 마음 속으로 고통을 느꼈을 테고요."

유수프는 다른 사람들을 둘러보며 말했다.

"아마 여기 계신 모든 부모님들도 분명히 끔찍한 대우를 받은 경험이 있을 겁니다. 부당하고, 불공평하게 취급 받은데다 고맙다는 말도 못 들은 적도 있을 겁니다. 그렇죠?"

모두들 고개를 끄덕였다.

"그리고 직장에서도 같은 경험을 했을 겁니다. 열심히 한 일에 비난 받고, 어떻게 하고 있나 감시 당하고, 아무도 여러분들이 해 준 것에 고마워하지도 않고요. 아니면 사회로부터 부당한 대우를 받았을 수도 있겠죠. 당신이 믿고 있는 종교를 사람들이 편견을 갖고 대하거나, 혹은 당신이 속한 계층 사람들이 무시당할 수도 있겠죠. 이런 식의 부당한 취급을 받은 경험을 한 두가지 정도는 갖고 계실 겁니다. 그런 취급을 받는 기분이 어떤지, 그리고 그게 얼마나 끔찍한 일인지 저도 잘 압니다. 제 경험으로 말씀 드리지만, 다른 사람들의 업신여김을 받는 것만큼 고통스러운 건 거의 없더군요."

"맞는 말이에요." 니콜이 유수프의 말에 즉시 동의했다. 다른 사람들도 같이 고개를 끄덕였다.

"그런데 다른 사람들에게서 업신여김을 받는 것보다 더 고통스러운 게 딱 하나 있습니다. 그건 바로 다른 사람을 업신여기고 경멸하는 마음을 갖는 겁니다. 이것 또한 제 경험에서 말씀 드리는 겁니다. 다른 사람을 경멸하는 건 그 무엇보다 고통스러운 것이었습니다. 제가 그렇게 누군가를 경멸할 때, 혹은 제가 제 주변 세상을 경멸하고 분노에 차서 볼 때면 제 스스로가 자신을 그렇게 경멸하고 원망하는 세상 속에서 살게끔 만듭니다.

●● 내 마음은 전쟁터가 된다.

나 자신을 보는 시각	모데카이를 보는 시각
보다 나은	그곳에 있을 권리가 없는
피해자	나에게서 평화를 앗아간
나쁜 (할 수 없이)	시온주의적 공격
잘 보여지길 원하는	고집쟁이
감정	**세상을 보는 시각**
분노한	부당한
우울한	불공정한
증오에 찬	견딜수 없이 무거운
정당한	나에게서 등을 돌린

"저는 그 당시 제 상황으로 인해 분명히 고통 받고 있었습니다. 그런데 그것이 저의 증오, 분노, 화, 경멸의 원인이었습니까?"

"아마도요." 니콜이 재빨리 대답했다.

"전 아닌 것 같은데요." 페티스가 대답했다. "당신의 힘든 상황 때문에 그런 감정을 가지신 게 아니었습니다."

"어째서 그렇게 생각하시죠?" 유수프가 물었다.

"왜냐하면 어떤 어려움을 겪었던 간에, 이야기가 시작된 시점에는 이미 당신은 그 고통을 겪고 있었단 말입니다. 하지만 그런 어려움 가운데서도 당신이 그의 동전을 주워주고 싶다는 바람을 분명히 느꼈어요. 그러다 나중에 그를 인간으로 보지 못하게 된 거죠."

"바로 그렇습니다." 유수프가 말했다.

"그렇다면 제가 분노나 증오를 느끼지 않았던 처음 시점과 그런 기분을 느낀 이야기 끝의 시점 사이에 일어났던 유일한 일은 무엇입니까?

말을 바꾸어 보겠습니다. 제가 모데카이를 인간으로 여겼던 시점과 그를 대상으로 보았던 시점 사이에 일어난 유일한 일은 무엇입니까?"

"당신이 해야한다고 생각했던 것을 배반하기로 선택했던 일이죠." 페티스가 대답했다.

"그럼 무엇이 제게 분노, 증오, 화, 경멸, 평화롭지 못한 마음을 일으켰습니까? 모데카이와 이스라엘 사람들인가요, 아니면 궁극적으로 단순히 저 자신이 그런 선택을 한 것입니까?"

"글쎄요, 그건 당신이었던 것 같군요." 루가 대답했다.

"하지만 그 사실에 확신을 갖지 못하시는군요."

"네, 그런 것 같네요." 루가 말했다. "보세요. 모데카이의 지갑에서 동전이 떨어져 나왔을 때 당신은 순간적으로 기억이 사라졌을 수도 있잖아요. 또 그 짧은 순간에 유수프가 느끼고 있던 고통들에 대해 잠시 잊었을 수도 있고요. 아무튼 제가 보기에는 그러네요. 그리고 나중에 현실로 생각이 돌아와서 이스라엘 사람들에게 받았던 고통이 생각났을 수도 있잖아요. 당시 느낀 증오는 지갑이 떨어진 순간에 생겨난 게 아닐 수도 있단 말입니다. 그 일이 생기기 전에도 그런 감정을 가지고 있었을 테고, 니콜이 말한 것처럼 당신과 당신 가족들에게 이스라엘인들이 한 행동 때문에 그런 기분을 느꼈던 것 아니오."

유수프는 루를 바라보며 미소지었다.

"루. 물론 당신 말이 맞습니다. 제가 이스라엘 사람들에 대해 증오와 분노를 느낀 건 그 때가 처음은 아니었으니까요. 그리고 당신 말처럼 제 아버지의 죽음으로 저희 가족이 겪게 된 고통도 그 일이 일어난 순간에 제가 느낀 감정들에 분명 어느 정도 작용을 했습니다. 하지만 당신이 말한 것과는 다른 작용을 했다고 믿습니다.

루는 지금 저와 제 가족들에게 이스라엘 사람들이 한 행동 때문에 제가 모데카이에게 그런 불쾌한 감정을 느끼게 되었다고 말씀하시는데요. 아무래도 제게 고통을 주던 힘든 상황이 이스라엘 사람들에 대해 그런 증오의 감정을 느끼게 만들었다라고 말씀하시는 것 같습니다. 맞나요?"

"그래요. 그게 제가 궁금한 겁니다."

"그럼 제가 루의 생각과는 완전히 다른 사실을 하나 알려드리죠." 유수프가 말했다.

"모데카이에게 제가 느낀 기분은 제게 행해진 다른 사람들의 행동 때문이 아니라 제가 모데카이에게 한 행동 때문에 생긴 겁니다. 왜냐하면 그런 기분은 제가 모데카이에게 하기로 한 결정의 결과였으니까요."

그는 계속 말을 이었다.

"그럼 우리는 이 두 개의 정반대의 생각을 어떻게 평가해야 합니까?" 유수프가 주변 사람들을 둘러보았다.

"그 두 생각이 옳다 그르다 평가하는 것에 대해서는 잘 모르겠지만, 루의 생각으로 그 상황을 생각해 보면 아주 우울한 결론이 나오네요." 엘리자베스가 말했다.

"어떤 결론 말인가요?" 유수프가 물었다.

"우리가 모두 희생자이고, 어려움에 직면하면 무력해지다가, 결국에는 피할 수 없이 증오심과 분노에 가득 찬다는 결론을 내리게 되는 것 같은데요."

"난 그런 식으로 말 안 했는데요." 루가 반박했다.

"그러신 것 같은데요." 엘리자베스는 루의 말을 부정했다. "조금 전에 유수프가 이야기의 초반 시점에서 증오심을 느끼지 않던 유일한 이유는 그가 겪은 어려움을 잠시 동안 생각하지 않았기 때문이라고 직접 말씀 하셨잖아요. 나중에 그 어려움을 생각해 보니 결국 증오와 분노를 다시 느끼게 되었다고요. 제가 보기에도 고통 받은 기억을 갖고 있는 사람이 어려움에 직면하게 되었을 때 그 고통으로 인해 사람이 무기력해지는 것 같아요."

루는 그녀 말이 일리가 있다는 데 동의했지만, 당연히 루는 그런 무기력한 희생자 정신을 믿지 않았다. 끔찍하고 부당한 대접을 받고도 그런 고통을 주는 이들을 증오하지 않기로 선택한 훌륭한 사람들을 주변에서 많이 보았기 때문이었다. '하지만 그런 부당한 대접이 사고방식에 영향은 주잖아. 안 그런가?' 그는 코리를 생각하며 속으로 질문을 던졌다.

유수프는 주위 사람들을 둘러보며 말을 이어갔다.

"항상 염두에 두고 있는 기억을 깜빡하는 것과 그것을 완전히 잊어버린다는 건 완전히 다른 겁니다. 저는 아버지의 죽음 이후에 아버지께서 돌아가셨다는 사실과, 어떻게 돌아가셨는지에 대해서 단 한번도 잊어 본 적이 없습니다. 물론 루가 말한 것처럼 그 비극에 대한 저의 관심의 정도와 본질은 순간마다 바뀌었습니다. 루는 그래서 제가 모데카이를 도와야 한다고 느낄 수 있었다고 말했습니다. 그러나 사실 루의 생각은 정반대의 사실을 말하고 있습니다. 오히려 제가 어려움을 잠시나마 망각해서 모데카이를 인간으로 본 게 아니라, 제가 모데카이를 인간으로 보고 있었기 때문에 그런 어려움을 잠시나마 망각할 수 있었던 것입니다. 제가 모데카이를 돕지 않았을 때, 그리고 제 자신을 정당화 시키려 했을 때에만 제 어려움에 대해 생각할 필요가 있었던 겁니다. 저의 어려움은 그 순간을 모면하기 위한 단순한 변명거리였습니다. 제가 변명거리가 필요 없을 때는, 저는 어려움에 대해서는 생각하지 않았습니다."

"그럼 학대 받은 여성이 학대한 사람들을 미워하는 건 오로지 그녀의 잘못이군요?"

니콜이 비웃는 듯 코웃음 치며 말했다.

"저는 유수프 생각에 전혀 동의를 못하겠는데요."

유수프는 잠시 말을 멈추고 깊은 한숨을 쉬었다.

"저도 당신처럼은 생각 못하겠군요."

"만약 누군가가 학대를 받는다면, 그 사람 때문에 마음이 몹시 아플 겁니다. 얼마나 끔찍한 짐을 지고 평생을 살아가야 하겠습니까? 만약 그 사람이 학대를 받은 탓에 마음 속에 분노를 갖고 있다고 해도 저는 전혀 놀라지 않을 겁니다. 오히려, 저는 이런 말을 할 겁니다. 누군들 안 그렇겠습니까?

하지만 그런 질문과 맞닥뜨릴 때마다, 분노 속에서도 희망을 찾습니다. 그러한 평화를 잃은 마음에도 평화를 회복하는 것이 가능하다는 것입니다. 비록 제 인생의 대부분을 전쟁터에서 보내면서 살아왔다 해도 말이죠. 비록 내가 지금 이 순간 어떻게 해도 과거에 당한 부당한 대우에 대한 기억을 없애버리기는 힘들지만, 저의 현재 삶을 이끌어 가는 나의 선택 방식이 그러한 부당한 대우에 대한 기억들에 대해 어떻게 대처할 지 결정해 줍니다.

제가 여전히 다른 이들을 나의 평화를 방해하는 대상으로 볼 때, 나는 그들을 비난하는 것을 정당화 하기 위해 내가 받은 부당함에 집착합니다. 내 마음 속에 있는 부당함과 고통을 그대로 유지시키면서요. 그러나 제가 다른 이들을 나와 같이 실수와 잘못을 저지를 수 있고 나의 용서와 이해가 필요한 하나의 인간으로 볼 때, 나는 자신을 정당화 시킬 필요에서 벗어나게 됩니다. 나에게 행해진 가장 끔찍한 것에 관심을 두지 않게끔 할 수 있습니다. 그러나 이렇게 하는 것이 항상 가능한 것은 아닙니다. 만약 우리 마음이 전쟁을 향하고 있다면 그렇게 하는 것이 더욱 어렵습니다. 전쟁 중인 마음은 그러한 마음을 정당화 시키기 위해 어떤 적을 필요로 합니다. 바로 그런 마음은 평화보다 나를 정당화 시킬 수 있는 어떤 적들과 부당함을 필요로 하는 것입니다. 이것이 바로 전쟁의 싹을 틔우고 전쟁을 유발시키는 행위입니다. 우리가 이러한 전쟁의 싹을 마음 속에 가지고 살아갈 때, 우리는 전쟁이 일어나길 기다리고 있는 꼴이 됩니다."

"그럼 어떻게 해야 하죠?" 캐롤이 물었다.

"우선, 우리 스스로 자기 정당화, 합리화 시키는 방식에는 어떤 것들이 있는지 살펴볼 필요가 있습니다."

12

전쟁의
싹

"정당화는 몇가지 조짐과 신호를 가지고 있습니다." 유수프는 진지한 태도로 이야기를 시작했다. "정당화가 어떻게 진행되는지는 이미 예를 들어 설명했습니다. 우리가 '다른 사람을 어떻게 나쁘게 보이도록 하는지'요. 사실 그렇게 겉으로 드러나는 정당화된 모습들은 수많은 정당화의 모습 중 일부분일 뿐입니다. 물론 여러분들은 그런 예들이 좀 과장된 것이라고 생각할지도 모르지만요.

일반적으로 우리의 마음이 전쟁 중일 때는, 다른 사람들의 잘못을 과장하려는 경향이 있습니다. 이런 현상을 '나쁘게 보이도록 만들기'라고 부릅니다. 또 우리는 우리가 비난하는 사람들과 우리 자신과의 차이점을 과장하며 말하는 경향이 있습니다. 우리가 싫어하는 사람과 우리 자신 사이에는 공통점도 거의 찾아볼 수 없다고 생각하기도 합니다. 사실은 그게 아닌데도 말이죠. 대부분의 경우는 아니어도, 많은 경우에 우리는 우리가 싫어하는 사람에게서 우리 자신과 비슷한 점을 발견할 수 있으니까요. 또 우리는 상대를 비난하는 내 마음의 전쟁을 정당화시켜 줄 수 있는 것을 뭐라도 하나 찾아내면 그걸 지나치게 과장하곤 합니다. 예를 들어, 모데카이가 동전을 쏟았을 때 제가 약속을 잡아놓은 게 있다면 갑자기 그 약속을 지키러 가는 걸 너무도 중요하게 생각하는 거죠. 만약 제가 그 때 책을 한 권 갖고 있었다면 갑자기 책에 코를 처박고 엄청나게 중요한 내용을 읽듯 문장 하나하나를 열심히 읽어댈 수도 있는 겁니다. 우리 자신이 정당화 될 필요가 있을 때, 우리를 정당화 시켜 줄 수 있는 건 무엇이라도 갑자기 너무나 중요하게 여기게 되는 겁니다.

우리는 자기 정당화의 독특한 스타일을 만들어갑니다. 예를 들어, 자신은 남들보다 나은 존재라 여기면서 자신의 행동을 정당화 시키거나, 저지르는 많은 잘못에 대한 변명으로 삼을 수도 있습니다. 또 어떤 사람은 자신이 갖지 못한 것을 가질 자격이 있다고 느끼면서 스스로의 잘못된 행동을 정당화 시킬 수도 있습니다. 결국, 다른 이들이 내게 줘야 하는 걸 나에게 주지 않는다면 그로 인해 내가 그들을 비난하거나 잘못 대우할 때, 그건 내 잘못이 아니라고 생각하게 되는 겁니다. 이렇게 스스로를 정당화시킬 방법이 무수히 많은 거죠. 하지만 제가 오늘은 정당화의 네 가지 일반적 유형에 대해서만 알려드리겠습니다. 모든 사람들은 어느 정도 네 가지 유형 모두를 갖고 있습니다. 하지만 그 중 나한테 특별히 더 적용되는 유형이 있기 마련입니다. 정당화 유형들을 알려드리는 이유는 여러분들이 자신을 보다 명확히 보고 어떤 방식으로 마음속 전쟁을 하게 되는지 알 수 있도록 하기 위해서입니다.

네 가지 유형 중 첫 번째는 모데카이 이야기에서 여러분이 확인한 겁니다. 저희가 일반적으로 '우월 상자'라고 부르는 겁니다. 칠판 아래쪽에 그려진 상자를 보시면 잘 설명돼 있습니다. 이 정당화 유형을 가진 사람들은 다른 이들을 '인간' 그대로의 모습으로 보는 것이 아니라 그들을 편견을 갖고 보는 사람들입니다. 즉 다른 이들이 나보다 못하다고 하거나, 실력이 부족하다거나, 덜 중요하다거나, 더 지적이지 못하다거나, 덜 의롭다거나 하는 식으로 보는 겁니다. 그리고 이 유형에서 중요한 건 항상 남들이 나보다 못하기에, 그들은 하나의 '대상'이 되는 겁니다."

그 말과 함께, 유수프는 다음의 표를 그렸다.

●● **우월 상자**

나 자신을 보는 시각	모데카이를 보는 시각
우월한 중요한 덕이 있는 / 옳은	열등한 능력없는 / 상관없는 잘못된 / 틀린
감정	**세상을 보는 시각**
짜증 경멸 냉담한	경쟁하는 문제가 있는 나를 필요로 하는

"질문이 있는데요." 유수프가 칸을 채우는 걸 끝내자, 페티스가 말했다.

"네, 해보세요."

"만약 제가 어떤 누군가가 정말로 어떤 일에 재능이 더 부족하다고 느끼면요? 그리고 제가 정말 그 분야에 더 유능하다면, 이런 생각도 저기에 해당되는 건가요?"

"꼭 그런 건 아닙니다." 유수프가 뒤를 돌며 대답했다.

"제가 어떤 한 사람의 존재를 인간으로 볼 때에는 그 사람의 상대적인 강점과 약점을 인지할 수 있습니다. 하지만 제가 여기 상자 안에 적은 내용은 제가 가진 강점 또는 약점 때문에 제 자신을 남들보다 우월하거나 보다 나은 존재라고 여긴다는 겁니다. 제 자신의 그러한 강점들을 사용하여 저와 비교하는 다른 이들의 상대적 가치를 매긴다는 거죠. 그래서 여기 적힌 대로 제가 생각할 때, 상대와의 차이점을 단순히 인식하는 이상의 행동을 합니다. 오직 제 강점에만 기준을 두고 다른 사람들의 가치에 대해 평가 절하한다는 거죠.

이번에도 이야기를 하나 들어 좀 더 자세히 설명해 드리겠습니다.

몇 년 전, 제 아내 리나와 저는 발렌타인 데이를 기념하려고 비교적 괜찮은 멕시코 식당에 갔습니다. 웨이터가 자리를 안내해 주었을 때, 상상도 못한 역겨운 몸 냄새가 갑자기 코를 찌르는 겁니다. 그것도 바로 옆 테이블에서요! 옆 테이블을 슬쩍 보니 냄새의 원인일 듯한 덥수룩한 머리를 한 지저분한 사내가 앉아 있더군요. 참을 수 없이 화가 치밀었습니다. 그리고 속으로 이런 생각을 했죠. '어떻게 저런 모습으

로 외출을 할 수가 있어! 게다가 발렌타인 데이에! 저 남자 때문에 오늘 저녁 망치겠군!'

저는 전혀 알지도 못하는 한 남자를 순식간에 사려 깊지 못하고, 냄새 나는 형편 없는 인간으로 치부해 버렸습니다."

유수프는 이야기를 이어갔다.

"리나는 그 냄새에 전혀 개의치 않는 듯 보였습니다. 제가 그 때 뭣 때문에 그렇게 짜증이 났는지 모르겠습니다. 냄새 때문이었는지, 아니면 리나의 태연한 모습 때문이었는지. 아무튼 저는 자리를 바꾸자고 리나를 조르기 시작했고, 냄새가 난다고 끊임없이 투덜댔습니다. 불평이 너무 심하자, 리나가 마침내 웨이터를 불러 테이블을 바꿔 달라고 하더군요. 다행히도, 새로 지정된 자리에는 칸막이가 쳐져 있어서 저는 그 남자의 체취를 아주 약하게 맡을 수 있었습니다.

그런데 음식이 서빙 되었을 때, 그 역겨운 몸 냄새가 또 나기 시작하는 겁니다!

'웨이터도 몸을 안 씻었나?' 이런 생각을 하며 웨이터를 보았지만, 웨이터는 충분히 깨끗해 보였습니다. 그래서, 저는 혹시라도 그 냄새 나는 남자가 우리 근처를 지나가고 있는지 둘러보았습니다. 하지만 그 사람은 여전히 멀리 떨어진 그의 테이블에 앉아 있었습니다. 그제서야 저는 냄새가 음식에서 난다는 것을 깨닫게 되었습니다! 알고 보니 식당에서 파는 검은 콩의 냄새가 아주 독특했던 겁니다. 제가 그 희한한 콩 냄새를 몸 냄새로 착각했던 거죠."

"누가 생각이나 했겠어요. 비린내 나는 콩이라니." 엘리자베스가 농담을 던졌다.

"그러게요." 유수프가 엘리자베스를 바라보며 웃었다.

"멋진 이야기네요. 어쨌든 결과가 좋잖아요." 니콜이 말했다.

"하지만 그 남자가 정말로 체취를 풍겼다면요? 당신이 오해한 게 아니라면, 그럼 어떻게 되는 거죠?"

"저도 똑같은 질문을 하고 싶군요, 니콜." 유수프가 동의했다.

"그렇다면 어떻게 되겠습니까?" 그는 모두에게 물었다.

"만약 그 남자가 체취를 풍긴다는 제 생각이 맞았더라면 어떻게 되는 걸까요?"

"저는 알 것 같아요." 엘리자베스가 말했다.

"사실 저는 우리가 아침에 토론을 시작한 이후부터 쭉 저 상자 안에 적힌 기분을 느끼고 있었어요."

"그래요. 어떤 기분이요?" 유수프가 물었다.

"저는 제 여동생이 아들을 데리고 이곳에 직접 오지 않았다는 것에 화가 나 있었어요. 누군가는 와야 했기에 동생 대신 제가 온 거거든요. 좀 잘난 체 하는 말투처럼 들릴까봐 걱정이네요. 좀 그렇죠?" 그녀가 짐짓 화난 체하며 앞 머리를 훅 불었다.

"사실 전 여기 앉아 당신이 얘기하는 내내 오직 그 생각만 하고 있었지만 그런 걸 깨닫지는 못했어요. 그런데 얘기를 듣다가 갑자기 그 사실을 깨닫게 되었거든요. 여동생이 여길 와야 했었다는 생각만 제가 줄곧 하고 있었다는 것을요. 그 생각을 멈출 수가 없고, 오로지 줄곧 그 생각만 하고 있던 거예요. '이런 소모적인 생각과 감정 속에서 허우

적거리는구나.'라고 갑자기 깨닫게 된 거죠. 유수프 당신이 냄새 때문에 고민한 것처럼요."

"무슨 말인지 알겠네요." 유수프가 껄껄 웃었다.

"엘리자베스 말은 비록 제가 어떤 사실에 대해 옳은 생각을 갖고 있더라도, 상자 속에서 그 옳은 것에 대해 느끼는 감정은 상자 밖에서 느끼는 감정과는 전적으로 다른 것이라는 말씀이군요."

"맞아요. 저기 칠판에 상자 안에 쓰신 그 감정처럼, 저는 여기에 있다는 사실에 짜증이 났고, 제 여동생이 이곳에 오지 않은 것, 동생 남편이 충분히 돈을 못 버는 것, 게다가 두 사람이 여기 올 수 있을 만큼 충분히 돈을 모아두지 않았다는 사실에 잔뜩 불만을 느끼고 있어요. 동생 가족에게 얼마나 문제가 많은지에 대한 생각, 동생이 내리는 결정은 하나같이 엉망이라는 생각, 동생이 아이를 제대로 교육시키지 못했다는 생각으로 가득해요."

엘리자베스는 말을 잠시 멈추었다. 그녀의 마음이 멀리 떨어진 여동생 가족을 생각하고 있는 듯 했다.

"제가 너무 다 아는 체 한 것 같네요. 볼썽사나울 정도로요." 텅 빈 시선으로 방안을 보며 엘리자베스가 말하자 유수프가 다정하게 말을 건넸다.

"그런 식의 생각은 여기 있는 다른 사람들도 다 하는 겁니다. 저 자신도 모데카이 일에 대해 그런 식으로 했잖아요. 그렇죠?"

방 안 대부분의 사람들이 고개를 끄덕였다. 하지만 엘리자베스는 아무 대답도 없이 여전히 생각에 잠겨 있었다.

"그럼 두 번째 유형에 대해 알아보죠." 유수프가 어깨를 한 번 으쓱한 뒤 칠판으로 걸어가며 말했다.

"우리가 '자격상자'라고 부르는 겁니다."

칠판에 글을 쓰며 그가 말을 덧붙였다.

"어찌되었건, 자신이 남들보다 낮다고 여기는 사람들은 자신들이 더 많은 것을 받을 자격이 있다고 여깁니다. 그래서 이 두 개의 '우월 상자'와 '자격 상자'의 정당화 유형은 같이 붙어 다닙니다."

●● **자격 상자**

나 자신을 보는 시각	다른 이들을 보는 시각
가치 있는 부당한 대우를 받는 / 희생자 사람들이 고마워하지 않는	오해하는 나를 잘못 다루는 고마워하지 않는
감정	**세상을 보는 시각**
받을 자격이 있는 박탈당한 분노예찬	부당한 불공평한 나에게 빚을 진

"사람들이 이 상자 안의 감정을 느낄 때, 대개가 자신이 부당한 대우를 받는 희생자이고, 더 많은 것을 받을 자격이 있지만 그것을 박탈당했고, 이 모든 사실에 화가 난다는 기분을 느낍니다. 제가 모데카이 이야기 속에서 이런 감정과 기분을 느꼈다고 했나요?"

"네." 모두가 대답했다.

"그랬죠." 유수프가 말했다.

"그 당시 제 생각과 감정이 어떻게 나의 행동에 정당화를 부여하도록 맞추어졌는지에 대해 명확히 알고 있었다면, 제 사고방식에 무언가가 휘어졌다는 것을 알아차릴 수 있었을 겁니다. 아마도 모데카이를 나와 같은 가치가 있는 사람 그 자체로 볼 수 있는 방법을 찾아낼 수 있었겠죠.

"하지만, 저는 제 관점이 휘어졌다는 것도 깨닫지 못한 채 모데카이를 수 년 동안이나 그 이상도 이하도 아닌 하나의 대상으로 보았습니다. 그리고 그 후에도 모데카이 같은 다른 사람들에게도 그런 식으로 대했죠." 그가 덧붙였다.

"즉, 모데카이 이야기 속에서 제가 우월상자와 자격상자의 사고 방식으로 제 자신의 행동에 대한 정당함을 느꼈다는 겁니다. 그리고 검은 콩 이야기에서도요. 다른 사람들을 비뚤게 볼 때, 저는 저의 그런 시각에 대한 정당화를 필요로 하고, 또 그걸 찾아내려 합니다. 나 자신이 남들보다 좀 더 낫거나 그렇게 남들을 비판할 자격이 있다라고 생각하면서요.

"그런 제 생각이 맞다고 확신할수록, 제가 실수할 가능성이 더 많아지는 겁니다. 다시 말하면 제가 맞다고 생각하게끔 만들어야 할 필요성이 오히려 저를 더 틀리게끔 만드는 거죠! 이처럼 제가 부당한 대우를 받고 있다고 확신할수록, 오히려 다른 사람들을 부당하게 대하고 있다는 사실을 알아차리지 못하게 되는 겁니다. 즉, 저 스스로를 정당화해야 한다는 필요성이 진정한 제 행동은 못 보게 만드는 거죠."

"재미있네요." 진중한 목소리로 페티스가 말했다. 다른 사람들도 유수프의 말을 곱씹어 보는 듯 했다.

"그렇죠." 유수프가 동의했다.

"다른 이야기로 넘어가기 전에 하나 더 말씀 드리죠. 이걸 설명하려면, 아까 말씀 드린 검은 콩 이야기를 약간 수정할 필요가 있습니다. 이 이야기가 집이나 직장에서 일어났다고 칩시다. 니콜이 아까 물어본 것처럼, 한 남자가 정말로 몸 냄새를 풍겼다고 칩시다. 그런 경우에 우월상자와 자격상자의 관점을 가진 제 자신의 시각과 다른 사람을 '인간'으로 보는 시각 중 어느 것이 그가 몸 냄새를 없애도록 하는데 도움이 되겠습니까?"

"아마도 다른 이들을 '인간'으로 보는 시각이 더 도움이 될 것 같은데요." 페티스가 대답했다.

"왜죠?"

"글쎄요." 페티스가 망설였다.

"만약 당신이 그가 형편없는 하류 인생을 살아가거나 당신한테 무언가 빚진 게 있다고 생각하면서 그에게 다가갔다면, 아마도 그가 당신한테 반발했을 테니까요."

"모두들 페티스의 말에 동의하십니까?" 유수프가 물었다.

"전 동의 안 합니다." 루가 말했다.

"만약 당신이 그를 '인간'으로 본다면, 그에게 사실을 얘기 안 했을 것 같아요. 아마 그냥 내버려 두었겠죠."

유수프는 미소지었다. "아직도 다른 이들을 '인간'으로 본다는 게 마냥 부드럽게 대하는 거라고만 생각하시는군요, 그렇죠?"

"아마도요. 어쩌면 아닐 수도 있죠." 루가 자신 없다는 듯 대답했다.

"그럼 그 말은 루 자신은 이런 종류의 문제를 갖고 몸 냄새가 나는 사람의 기분을 상하게 하기보다는 그를 그냥 놔둘 것 같다는 거죠? 만약 제가 정말로 그 남자를 생각한다면 그를 그냥 그렇게 놔둘까요? 그가 그렇게 냄새가 나도록 놔두고, 모든 사람들이 그를 불쌍히 여기도록 할까요? 누군가를 진정으로 배려하는 사람이 과연 그렇게 할까요?"

"글쎄요, 아닌 것 같은데요." 루가 이번에는 유수프의 말에 동의했다.

유수프가 말을 이었다.

"사실, 제가 변화할 수 있도록 돕는 노력없이 사람들이 그들 스스로 상처받게 놔두거나 다른 사람들을 괴롭히고 있는 것을 그냥 놔두고 있을 때, 이것은 또 다른 종류의 정당화 유형에 의해 발생합니다. 자신이 겉으로는 불편함 없이 부드럽게 대했다고 느끼면서 스스로를 정당화하는 것입니다."

"이제야 제가 듣고 싶은 얘기를 하시는군요." 루가 말했다.

"그런 말씀 하실 줄 알았습니다." 유수프가 미소 지었다.

13

전쟁의 서막

"부드럽게 혹은 너그럽게 행동하도록 만드는 가장 일반적인 정당화 유형은 이제부터 아비가 설명해 줄 겁니다."

유수프의 말에 사람들은 모두 아비를 바라보았다.

"제 차례군요." 아비가 고개를 끄덕였다. "이제 그 얘기를 해야겠습니다."

"사실 너그러움 속에도 정당화가 있습니다. 바로 보여지고 싶은 '이미지 상자'입니다. 이것이 세 번째 정당화 기본 유형입니다. 자, 이런 내용입니다."

나 자신을 보는 시각	다른 이들을 보는 시각
잘 지어낼 필요가 있는 남들이 나를 생각하는 거짓의	판단하고 있는 위협적인 나의 관중
감정	세상을 보는 시각
초조한 / 두려운 빈곤한 / 스트레스 받는 지나치게 과잉하는	위험한 나를 지켜보는 나를 판단하는

아비가 다이어그램 그리는 걸 마치며 말을 시작했다.

"내가 이런 종류의 정당화 상자를 갖고 다닐 때, 내가 호감이 가는 사람으로 보이는지 아닌지에 대해 걱정합니다. 그와 같은 상자는 도움을 주어야 할 경우, 그 사람이 원치 않는다고 생각하면 그 결과에 상관없이 내가 도움이 되거나 옳은 것을 행하지 않게 만듭니다.

제가 그 예를 들어 드리겠습니다.

"여기 캠프 모리아 초창기 시절에, 저는 잭이라는 사람을 야외 활동 감독으로 고용했습니다. 아이들을 위해 숲 길에서 진행하는 모든 활동의 책임을 맡기기 위해서요. 하지만 그를 고용한 게 실수였다는 걸 금방 알게 되었습니다. 그가 사람을 대하는 기술은 아주 엉망이었습니다. 쉽게 짜증을 냈고, 문제가 생기면 다른 사람들부터 비난했으며, 그는 우월상자를 갖고 다녔으며, 그의 동료들을 모두 그보다 못한 존재로 치부했습니다. 끊임없이 남들에게 비판을 퍼부어댔고, 모든 실수를 다른 사람들 탓으로 돌렸습니다. 게다가 동료에게 무관심했고 심지어는 경멸했습니다. 여기저기서 끊임없이 문제를 일으키고 다녔죠. 저는 잭이 어떻게 다니는지 금새 알아차렸고, 이곳에서 그런 식으로 계속 행동한다면 잭이 일하는 방식을 바꾸어야 한다는 것도 알았습니다. 하지만 제가 어떻게 한 줄 아세요? 저는 그런 사실에 대해 단 한 마디도 안 했습니다. 잭은 변덕스러운 성격을 갖고 있었고, 저는 그런 그의 성격을 문제삼아 부딪치는 게 싫었습니다. 그래서 아무 말도 안 한 거죠. 대신 저는 그가 캠프를 옮기거나 일을 그만두기만을 속으로 바랬습니다."

"그게 바로 내가 하고 싶은 얘기요." 루가 갑자기 소리쳤다.

"유수프가 말하는 내용이 그런 것 같아서 염려하고 있었단 말입니다. 이 곳에서는 사람들이 무기력할 정도로 유해져야 한다고 가르치는 것 같아서요."

"그럼 제가 잭을 한 명의 사람으로 보고 있었던 것 같나요, 루?"

아비의 질문에 루는 잠시 생각했다. 그렇다고 말하고 싶지만, 갑자기 유수프와 아비가 여태껏 무슨 얘기를 하고 있었는지 깨닫게 되었다.

"제가 관리자였는데도 지나치게 부드럽게 굴었던 건 잘못이었다는 걸 인정합니다. 하지만 이 경우엔 제가 잭을 대상으로 보았지, 한 명의 인간으로 본 게 아니었기 때문에 제가 잭에게 무르게 대한 것이었습니다. 저는 '이미지 상자' 안에서 생각하고 있었고 호감 받는 것과 문제를 일으키지 않는 것에 대해서만 신경 썼습니다. 그래서 결과적으로 잭과 캠프 모리아에 가장 도움이 될 만한 것들은 완전히 무시하게 되었지요. 유수프가 조금 전에 말한 것처럼, 이 정당화 유형은 우리가 무르고 유하게 행동을 하게끔 만듭니다."

자신도 모르게 루는 고개를 가볍게 끄덕였다. 유수프가 다시 아비의 말을 이어받았다.

"또 이 정당화 유형은 제가 모데카이에게 등을 돌리고 간 행동은 그 자리를 피함으로써 제 자신이 나쁜 사람으로 보여지고 싶지 않다는 욕구 때문이었다고 페티스가 말한 내용에서도 찾아볼 수 있습니다.

또한, 조금 전에 제가 말씀 드린 상추 얘기 속에 있던 사례와 비슷합니다. 싱크대 밑에 상추를 밀어 넣음으로써, 누구도 제가 그 상추를 집어 올렸어야 했는데 그렇게 안 했다고 비난할 수 없게끔 만든 거죠. 제가 상추를 그렇게 밀어 넣음으로써 다른 사람들이 저를 깔끔한 사람으로 보게끔 할 필요가 있다는 것도 보여준 겁니다. 만약 다른 사람들이 제가 상추를 바닥에 그냥 놔두었다는 걸 안다면 저를 그런 식으로 여기지는 않겠죠. 이렇게 제가 상추를 집어 올리는 수고를 하지 않고, 그냥 안 보이는 곳으로 밀어 넣음으로써 우리가 조금 전에 얘기한 정당화 유형 중 하나를 가지고 있었다는 걸 알 수 있습니다. 그럼 그게 어떤 유형일까요?"

"스스로가 상추를 집어 올리기엔 자신이 좀 높은 사람이라 여기신 것 같으니까 우월상자를 갖고 계신 것 같네요." 니콜이 대답했다.

"맞습니다, 니콜." 유수프가 니콜을 보며 웃었다. "저는 아내 리나가 그다지 중요한 사람이 아니라서 제 대신 상추를 집어 올리는 수고를 해도 괜찮다고 생각해서 리나가 그 일을 하게끔 둔 것입니다."

"저는 여러분들에게 이걸 묻고 싶습니다. 어떻게 여러분은 그런 식으로 생각하는 사람과 같이 살 수가 있겠습니까?"

루는 지금 이 순간까지 이 질문을 한 번도 생각해 보지 않았던 사실을 하나 깨닫게 되었다. 그는 결혼 생활 내내 이십 년이 넘도록 집 안에서 상추 조각이나 사소한 물건들을 집어 올리기 위해 몸을 굽혀본 적이 거의 없었다. 유수프와 달리, 그런 행동을 했다는 증거를 숨기려는 수고도 하지 않았다. 물건이 바닥에 떨어졌건 말건, 그는 그런 사소한 일에 신경 쓰지 않았다. 하지만 지금 유수프의 질문이 그의 머릿속을 맴돌았다.

"저는 아내 리나가 그다지 중요한 사람이 아니라서 제 대신 상추를 집어 올리는 수고를 해도 괜찮다고 생각해서 리나가 그 일을 하게끔 둔 것입니다. 어떻게 여러분은 그런 식으로 생각하는 사람과 같이 살 수가 있겠습니까?"

루는 어느 누구보다 캐롤에게 이 질문을 던져야 한다는 생각이 들었다. 그리고 캐롤도 그 질문을 스스로에게 던져보고 있음을 직감적으로 알아차릴 수 있었다. 이런 생각을 하는 동안, 루는 갑자기 아주 낯선 느낌을 받았다. 오랫동안 느껴보지 못한 느낌이었다.

누군가 갑자기 방 안 온도를 확 높인 것처럼 전신에 따끔거리는 강한 열이 확 퍼졌다. 곧 귀가 빨개지고, 뺨이 붉어지는 것을 느낄 수 있었다. 루는 그 느낌이 어디서 오는 것인지 알 수 있었다. 그는 부끄러워하고 있었던 것이다! 자신이 부끄러워하고 있다는 사실에 그는 더 부끄러움을 느꼈고 얼굴은 점점 더 붉어졌다. 루는 힘없이 칠판 위 '우월 상자' 안에 적힌 단어들을 바라보았다. 우월한, 중요한, 덕이 있는, 올바른, 인내심 없는, 경멸하는, 무관심한, 다른 이들이 열등한, 무능한, 틀린. 그는 속내를 제대로 들킨 것 같은 기분을 느꼈다. 그리고 비행기 안에서 코리와 나눈 대화가 다시 떠올랐다. 코리가 말했다.

"아무래도 아버지는 제가 또 잘못을 하나 저질렀다고 생각할 테죠. 이 비행기를 타는 것도 화가 나실 걸요. 또 저 때문에 아버지가 시간 낭비를 하게 되었다고 생각하실 테니까요."

코리의 말이 옳았다. 루는 회사가 사상 최악의 상황에 처해 있는데도 비행기를 타고 멀리까지 가야 한다는 데 화가 났다. 자신을 위해 모든 것을 해준 아버지에게 조금도 고마움을 느끼지 않고, 가족의 이름을 더럽히는 아들 하나 때문에 그런 수고를 해야 한다는 사실을 참을 수가 없었다.

'아들 한 명이 이렇게도 많은 걸 망칠 수 있나!' 루는 마음 속에 치밀어 오르는 강한 분노를 느끼고 있었다.

갑자기 '불공평한'이란 단어가 루의 머리 속에 떠올랐고, 그는 다시 한 번 칠판을 바라보았다. '자격' 상자는, 인생은 불공평하고, 다른 이들이 감사할 줄 모르고, 나를 부당하게 대하며, 분개하는 감정, 대접받을 만한 자격이 있다는 느낌.

'그래 사실이야.' 루는 속으로 생각했다. 나는 큰 아들 제시같이 더 좋은 아들을 가질 자격이 있다고 생각했어. 그리고 유수프의 말이 다시 머리 속을 맴돌았다. "어떻게 여러분은 그런 식으로 생각하는 사람과 같이 살 수가 있겠습니까?"

루는 어이없다는 듯 머리를 가로젓고는 다시 한 번 다이어그램을 바라보았다. '이미지 상자'에 대해 다시 생각해 볼 필요가 있었다. '아니. 그런 생각할 필요 없어. 난 저런 유형을 갖고 있지 않아.' 루는 머리 속에 떠오르는 생각을 부정하려 애썼다. 하지만 곧 이 상자 속에서 세상을 보면 상대방이 자신에게 위협하는 것으로 보인다는 것을 깨닫게 되었다. 그걸 깨달은 순간, 루는 코리를 여태껏 그런 식으로 보고 있었음을 알게 되었다. 코리는 가족의 이름과 명성을 위협하고 루의 명성을 깎아내리는 대상이었던 것이다.

'이런 젠장. 다른 사람들이 나를 어떻게 생각하는지 엄청나게 신경 쓰고 있었군.'

"마지막으로." 아비의 목소리가 루를 현실로 다시 돌아오게 만들었다.

"네 번째 정당화 유형에 대해 말씀 드리죠. 모데카이에 대해 얘기할 때 여러분들 중 한 명이 유수프가 실제로 자신은 나쁜 사람일 거라는 생각에 우울해졌을 거라고 말씀하셨습니다. 그 말은 바로 네 번째 정당화 유형, '열등감 상자'로 설명됩니다." 그런 다음 그는 상자를 하나 그리기 시작했다.

"이 상자에 대해 질문을 하나 드려도 되나요?" 캐롤이 물었다.

"그럼요, 캐롤."

"전 모데카이 이야기를 들은 뒤로 계속 이러한 종류의 관점에 대해서 생각하고 있었어요. 사실, 저는 이 안에서 제 자신을 볼 때가 많거든요. 하지만 이러한 방식으로 생각한다고 해서 저 스스로가 정당화되었다고 느끼는지는 모르겠어요. 사실, 그 반대로 느끼는 것 같아요.

예를 들면, 제가 섭식 장애로 고생할 때, 저는 제 자신이 무가치하고 쓸모 없다고 생각했을 뿐 전혀 제 자신이 정당화되었다고 느끼지는 못했어요."

●● **열등감 상자**

나 자신을 보는 시각	다른 이들을 보는 시각
신통치 않은 망가진/결함이 있는 그저 그런 운명의	유리한 특혜를 받은 축복받은
감정	**세상을 보는 시각**
무기력한 질투하는/쓸쓸한 우울한	어려운/힘든 나에게 등을 돌린 나를 무시하는

아비는 고개를 끄덕였다. "이야기를 하나 해 드릴게요." 그가 말했다. "저는 거의 스무 살까지 언어 장애를 갖고 있었습니다. 말을 아주 심하게 더듬거렸습니다. 정말 창피할 정도였습니다. 그래서 저는 늘 다른 사람들과 동떨어져 지냈고, 혼자 있기 위해 온갖 변명을 해댔습니다. 그럼 제게 문제가 있다는 걸 저 스스로가 알고 있었을까요? 물론입니다. 그리고 그게 바로 저의 문제였어요. 저도 알고 있었습니다. 하지만 그 문제가 다른 사람을 보는 저의 관점에 영향을 주었죠. 저는 항상 다른 이들을 갈망 어린 시선으로 보았습니다. 일종의 사랑이나 관심이 아니라 끈질긴 질투심으로요. '왜 나는 다른 이들처럼 편하게 말할 수 없을까?'하며 다른 이들에게 강한 질투심을 느꼈습니다. 저는

한 마디 한 마디 내뱉을 때마다 너무 애를 써 눈꺼풀이 심하게 떨릴 정도였고, 기절할까 봐 늘 두려워했습니다. 저는 말하면서 제가 기절하는 장면을 여러 번 상상해 볼 정도였고, 바보처럼 보일까 봐 끊임없이 두려워하며 살았습니다.

"그런 행동을 하며 제 자신이 정당화되었다고 느꼈을까요? 그건 여러분들이 제가 말씀드린 내용을 어떻게 생각하시는가에 달려있습니다. 저는 제 언어장애를 정당화한 게 아니었습니다. 언어 장애 자체가 정당화를 필요로 한 게 아니었으니까요. 사람들은 단순한 언어 장애나 어떤 문제 하나만을 가진 누군가를 괜히 왜곡하여 보는 건 아니니까요. 제가 제 문제에 대해 자신을 바르게 잡지 못하는 동안, 전 다른 사실 하나를 정당화했습니다. 다른 말로 하자면, 저는 제 결함을 무언가 비뚤어지고 정당화를 필요로 하는 다른 것을 정당화하는 데 사용했던 거죠. 바로 다른 사람들과 동떨어지는 데 대한 정당화로 언어 장애를 사용한 것입니다. 다른 사람들과 거리를 두고, 혼자 있기 위한 행동에 대한 정당화로 언어 장애를 변명거리로 사용 한 거죠. 다른 이들과 떨어지려는 행동, 그것이 바로 비뚤어진 것이었으니까요. 어떤 상황에서건 저는 사람들로부터 멀어지려고 했고, 누군가의 요구에 의해 제 자신이 좌지우지 되는 것을 몹시 싫어했습니다. 그래서 저는 항상 제 자신에게 '난 결함이 있으니 이런 일은 할 수 없어.'라고 말하곤 했습니다. 제 결함이 제 정당화 수단이었던 것입니다! 언어 장애는 세상 속에 섞이지 못하는 제 자신에 대한 변명, 그뿐이었습니다."

아비의 말에 캐롤은 고개를 끄덕였다. "네, 무슨 말씀인지 알 것 같아요." 그녀가 말했다.

"그럼 제 경우에는, 제 섭식장애에 대해 제가 정당화를 느낀 게 아니고 다른 이들보다 제가 나을 게 없다는 데 대한 변명으로 제 섭식장애를 이용한 것이군요."

"그것에 대해 생각할 만한 가치가 있습니다." 아비가 말했다. 그런 뒤 유수프가 그려놓은 상자들을 바라보았다. "이 상자 속 내용들에 제 어린 시절의 경험들을 대입해 보면, 저는 '열등감 상자'를 갖고 있다고 말할 수 있습니다. 또 보여주고 싶은 '이미지 상자'도요. 사실, 일생 동안 저는 '이미지 상자'와 '열등감 상자'의 정당화 유형을 같이 갖고 있었습니다. 언어 장애로 고통을 겪는 동안, 저는 다른 사람들이 저를 좋게 생각해 주기를 간절히 바랐습니다. 너무나 그랬던 나머지 저는 제 모습이 바보처럼 보일까 봐 사람들 앞에서는 거의 한 마디도 못했습니다. 이 상자에 적힌 내용처럼, 저는 다른 이들을 판단적이고 위협적인 존재로 보았으며 남들이 항상 저를 감시하고 제 말을 듣고 평가한다고 생각했습니다. 다른 사람들과 거리를 둠으로써, 저는 끊임없이 두려움과 초조함 속에서 살았습니다. 그리고 제가 다른 사람들로부터 더욱 멀어질수록, 그 초조함은 더욱 커져갔습니다."

캐롤은 아비의 말을 곰곰이 생각해 보았다. "저도 그런 편이에요. 저도 때로는 제 자신을 그림자 속에 밀어넣으려 하죠. 여기 있는 남편 루는 아주 성공한 사람이잖아요. 그러나 저는 종종 제 자신이 무능력하다고 생각해요. 그래서 결국에는 제 자신을 우울하게 만들고 말아요."

아비는 고개를 끄덕였다. "저도 그 기분을 압니다. 저도 스무 살까지 그런 기분을 느끼며 살아왔으니까요."

"그래서 어떻게 하셨어요?" 캐롤이 물었다. "말 더듬기를 어떻게 고치셨나요?"

아비는 미소 지었다.

"한 가지 분명한 사실은요, 그걸 고치기가 정말 어려웠다는 겁니다."

"아뇨, 그런 식으로 말 한 게 아니에요." 캐롤이 얼굴을 붉히며 말했다.

"압니다, 알아요. 걱정 마세요." 아비가 말했다. "그냥 놀린 거예요. 하지만 캐롤, 질문에 답을 드리자면, "말 더듬기 자체가 문제가 아니었어요." 그 말을 한 뒤 아비는 잠시 바닥을 내려다 보았다.

"제가 어떻게 고쳤는지 사실 잘 모릅니다." 그는 다시 사람들을 바라보며 말을 이었다.

"언어 장애를 거의 극복한 이후에 저는 두 번이나 자살기도를 했거든요."

이 말에 모두들 헉 하고 숨이 막힌 듯 했다. 숨소리조차 들리지 않았다. 뻔하고 지루한 줄거리 끝에 너무나 충격적인 결말을 보는 듯, 모두가 잠시 동안 숨쉬기를 멈추고 갑자기 들은 놀라운 사실에 그냥 멍하니 있을 뿐이었다.

"한 번은 약물로, 또 한 번은 면도칼로요." 아비는 회상에 잠긴 시선으로 옆을 힐끗 보며 말했다.

"두 번째 자살 기도 때는, 욕실 바닥에 피가 흥건한 가운데 누워있는 저를 어머니께서 발견하셨습니다."

14

전쟁으로 가는
길

아비는 갑자기 고개를 들고, 캐롤을 똑바로 바라보며 천천히 말했다.

"언어 장애가 문제의 원인이 아니었던 거예요. 오히려, 제가 전쟁을 향한 마음을 갖고 있었다는 게 문제였습니다. 다른 이들과, 제 자신과 그리고 이 세상과 전쟁을 하려는 마음을요. 저는 언어 장애를 세상을 비뚤게 보고 사람들과 멀어지려는 저의 행동을 정당화하기 위한 무기로 썼습니다. 제 마음이 벌이는 전쟁에 저를 방어할 무기로요. 언어 장애를 무기로 삼아 제 행동을 정당화시키려 애쓴 겁니다. 그리고 정당화를 위한 필요성에서 빠져 나올 방법을 찾기 전까지는 이런 마음의 전쟁에서 빠져나올 방법을 찾지 못했습니다."

"어떻게 빠져나오신 거죠?" 캐롤이 거의 속삭이듯 물었다. "스스로를 정당화할 필요를 어떻게 없애신 거죠?"

아비는 캐롤을 향해 미소지었다. "캐롤, 그 부분은 내일 다룰 내용입니다."

"이런 식으로 얘기를 끝내려고요?" 루가 어이없다는 듯 물었다. "방금 자살 기도를 두 번이나 했다는 충격적인 얘기를 하고는 이대로 얘기를 접겠다고요?"

아비가 반가운 듯 웃었다. "제 이야기를 좀 더 듣고 싶으신가요?"

"글쎄. 잘 모르겠소." 루가 일부러 관심없는 척 대답했다. "아마도요."

"내일 그 얘기를 좀 더 해 드리겠습니다." 아비가 약속했다. "그리고 오늘 저녁 마지막 삼십 분 동안, 오늘 우리가 다룬 내용을 정리하는 게 좋을 것 같습니다. 그럼 확실히 이해를 하고 내일 얘기를 들으실 수 있을 테니까요."

"우선" 그가 얘기를 시작했다. "우리는 두 가지 삶의 방식에 대해 이야기를 나누었습니다. 하나는 다른 사람들을 대상으로 보는 전쟁을 향한 마음을 가진 삶의 방식이고 다른 하나는 사람들을 '인간'으로 보는 평화를 향한 삶의 방식입니다. 그리고 우리가 강하거나, 부드럽거나, 혹은 어느 정도는 부드럽기도 하고 강하기도 한 행동을 한다는 것도 배웠습니다. 여기서 두 가지 질문을 드리겠습니다. 만약 우리가 평화롭거나 전쟁 중인 마음을 갖고서 어떤 식으로든 행동을 표출할 수 있다면, 우리가 어떤 식으로 행동하는지에 왜 우리가 신경을 써야만 합니까? 그게 중요해서 그런가요?"

"그럼요." 캐롤이 대답했다. "분명히 중요해요."

"왜죠? 왜 그게 중요하다고 생각하시죠?" 아비가 물었다.

"전쟁을 향한 마음이 어떻게 모든 것을 파괴시킬 수 있는지 알게 되었으니까요."

아비가 캐롤의 다른 말을 기다리는 듯하자 캐롤은 말을 이었다. "저는 아들 코리가 문제를 일으키기 시작한 후로, 그 아이를 늘 상냥하게 대했어요. 하지만 마음 속으로도 그런 건 아니었죠. 그리고 이런 식으로 행동하는 게 제 자신에게도 영향을 주었어요. 우선, 저는 '자격 상자'에 적힌 것처럼 행동한 것 같아요. 저 스스로를 다정하고 친절한 사람으로 여기면서, 제 아들이 가족들에게 부당한 대우를 하고 있다고 생각했죠. 그리고 코리는 제가 그렇게 생각하고 있었다는 것도 알고 있고요. 코리가 그 점에 대해 제게 몇 번이나 뭐라고 했거든요. 저는 항상 그 아이의 그런 비난을 부정했지만요." 그녀가 힘없이 말했다.

"지난 몇 년 동안은 정말 괴로운 죄책감에 시달리며 보냈어요. 제가 겉으로는 코리를 사랑하는 것처럼 보였지만, 속으로는 온전히 그렇지 않다는 걸 알고 있었거든요." 캐롤은 잠시 말을 멈추었고. 눈에 눈물이 서서히 차 올랐다. 눈물 한 방울이 눈꺼풀에서 뺨으로 흘러내렸다.

"좋은 엄마들은 그렇게 하지 않죠." 캐롤은 목이 메이는 소리로 나지막이 말했다. 뺨의 눈물을 훔치고 스스로를 부정하듯 머리를 가로저었다.

"좋은 엄마들은 그렇게 안 해요." 그녀는 다시 잠시 말을 멈추었다. "저는 '열등감 상자'도 갖고 있는 것 같아요. 제가 나쁜 엄마라고 생각하거든요."

"당신이 스스로를 너무 몰아붙이는 거야." 루가 말했다. "코리는 정말 키우기 힘든 아이야. 그 아이가 그런 건 당신 잘못이 아니야."

"그건 당신이 의미하는 바에 달렸어요, 루." 캐롤은 침착함을 되찾으며 말했다. "저도 코리가 그러는 데에는 전적으로 제 책임이 있다고 생각 안 해요. 하지만 제가 말한 건 내가 한 행동에 대해서는 내 책임이 있다는 말이에요."

"그래, 하지만 당신은 좋은 엄마였어." 루가 말했다. "아이를 제대로 못 다룬 건 바로 나란 말이야."

"그런 말이 아니에요, 루. 아직도 모르겠어요? 우리는 지금 단순히 어떤 일을 했거나 안 했다는 얘기가 아니라 그보다 더 뿌리 깊은 중요한 것에 대한 얘기를 하는 거예요. 당신이 말하는 것처럼 저는 코리에게 밥을 차려주고, 그 애 옷을 빨아주었어요. 그 애가 날 공격할 때도 가만히 서서 그 애의 신랄한 말을 다 들어주었어요. 하지만 그건 겉으로만 그런 척 했을 뿐이에요. 겉으로는 평화로운 척 하면서도 마음 속으로는 그 아이에게 분노하고 있었어요. 그리고 당신에게도요." 그녀가 덧붙였다. "당신이 그 애와 싸우는 방식을 너무나도 싫어했어요. 저도 전쟁 한 가운데에 있어야 하니까요. 하지만 그렇지 않은 척 보이려고 했을 뿐이었죠."

"하지만 그런 상황에서 누군들 안 그러겠소?" 루가 반박했다. "우린 진짜로 아들 녀석과 전쟁 중이잖아."

"그게 대답이 될 순 없어요, 루! 그러면 안 돼요."

"왜 안되지?"

"그럼 우리 모두가 끝이니까요. 우리의 모든 경험과 생각과, 감정이 다른 사람들의 의해 좌지우지되는 거니까요. 그러다 결국에는 우리 자신의 나쁜 모습에 대해 우리 스스로는 책임이 없다고 믿게 되니까요."

"하지만, 젠장, 캐롤, 코리가 하는 짓을 봤잖아. 그 애는 자신이 한 짓으로 당신이 죄책감을 느끼도록 만들고 있소. 코리도 책임을 져야지!"

"당신이 얘기하는 개념으로 따지면, 그 아이에게는 책임이 없어요. 만약 마음이 전쟁 중일때는 어떤 반응도 기대할 수 없다면, 우리 마음이 전쟁 중일 때, 어떻게 코리가 우리와는 다르게 행동하리라고 기대할 수 있겠어요?"

"하지만 이 모든 건 그 애 때문에 일어난 거잖소!" 루가 소리쳤다. "우리는 그 애가 필요로 하는 건 무엇이든 주었어! 이렇게 된 건 그 애의 잘못이야! 당신도 그 애가 아무 잘못이 없다고 말하면서, 모든 잘못을 자신한테 덮어 씌우려는 거야. 난 당신이 그렇게 생각하게 놔둘 순 없어!"

캐롤은 깊은 숨을 들이쉬었다. 그렇게 숨을 쉬는 동안, 그녀의 몸이 마음 속 깊이 받은 상처로 인해 떨리고 있었다. 그녀는 무릎을 내려다보고는 다시 눈을 감았다. 얼굴이 고통으로 가득했다.

"대체 뭘 무서워하는 겁니까, 루?" 유수프가 물었다.

"내가 뭘 무서워해요? 난 무서워하는 게 없어요." 루가 말했다.

"그럼 뭘 인정하지 못하고 계시는 거죠?"

"난 단지 아들 녀석 하나가 내 가족 전체를 망치도록 놔둘 수 없을 뿐입니다."

유수프가 고개를 끄덕였다. "그 말이 맞습니다. 그렇게 놔두면 안되지요."

그러나 루는 유수프에게서 그런 대답을 기대한 게 아니었다. 유수프가 말을 이었다.

"하지만 캐롤은 그런 식으로 말한 게 아닙니다. 캐롤은 코리가 아무 잘못이 없다고 말한 게 아니라 단지 그녀에게도 잘못이 있다고 말한 겁니다."

"아뇨. 캐롤은 방금 코리의 잘못에 대해 자기 스스로를 비난하고 있었어요."

"어떻게요? 코리가 마약을 한 것과 도둑질을 한 게 자신의 잘못이라고 했나요?"

"아뇨. 하지만 자신이 나쁜 엄마였다고 했어요. 코리의 반만큼도 나쁘지 않은 애들도 캐롤 같은 엄마에게 그렇게 말할 수는 없는데도 말이죠."

"그런데 코리는 그러지 않았죠. 그게 캐롤이 말한 겁니다." 유수프가 말했다.

"코리가 뭘 그러지 않았단 말이죠?"

"캐롤이 그렇게 느끼게끔 하지 않았단 말이죠."

"아뇨, 그랬어요."

"제가 들은 바로는 캐롤은 그렇게 말 안 했는데요."

루는 갑자기 캐롤 쪽으로 몸을 돌렸다. "캐롤, 당신이 흥분한 건 알아. 하지만 난 당신이 견딜 수 없을 만큼 코리 일을 감당하려는 게 싫어. 당신 잘못이 아닌 걸 당신 잘못으로 하려는 게 싫다고. 그뿐이야."

캐롤은 루를 향해 미소지었다. 그녀의 얼굴이 다정하게 빛났다. "알아요, 루. 그런 말 해줘서 고마워요. 하지만 유수프 말이 옳아요."

"무슨 말이 옳다는 거야?"

"제가 한 행동이 아니라 제가 느껴온 감정에 대해 제게 책임이 있다는 거요."

"하지만 코리가 그러지 않았더라면 당신도 그런 식으로 느끼지는 않았을 거잖아!"

그녀가 고개를 끄덕였다. "당신 말이 맞을 수도 있어요."

"그렇지!" 루가 소리쳤다. "그런 말이 듣고 싶었어."

"그렇네요. 저는 유수프 말을 이해하는 것 같은데, 당신은 아직 아닌 것 같네요."

"그게 무슨 말이요?"

"그 애 때문에 제가 그런 감정을 느낀 게 아니라는 얘기예요."라고 캐롤이 말했다.

"아니, 오히려 당신은 그 반대로 생각하고 있어." 루가 반박했다.

"아뇨, 루, 아니에요. 그리고 저는 이런 생각도 해요. 이 순간에 느끼는 내 감정은 그런 게 아니라고요. 코리가 한 짓은 코리가 한 짓이라고. 그 애가 저지른 잘못은 그 애 잘못이고 내가 느끼는 이 감정에 대해 내 스스로를 비난해 온 거라고요. 하지만 지금은 그런 감정이 아니라고요. 코리 때문에 이제껏 그런 감정을 느껴온 게 아니라는 말이에요. 어쨌든 제 감정의 최종적인 선택권은 저한테 있었으니까요."

"하지만 그 애가 당신이 그런 감정을 선택하게끔 만들었잖아." 루가 반박했다.

"맞아요." 유수프가 끼어들었다. "코리가 그랬죠. 하지만 어렵다 해도 선택은 선택일 뿐이에요. 누가 어떤 행동을 하건, 아무도 나에게서 나 자신의 삶의 방식을 선택할 힘을 앗아갈 순 없으니까요. 상대하기 어렵다 해도 결국에는 '인간'이니까요. 그리고 그들을 그런 '인간'으로 볼 수 있는 능력이 우리에게는 있으니까요."

"그럼 그들에게 당하게 되는 거요." 루가 중얼거렸다.

"유수프의 말은 그게 아니에요. 루." 캐롤이 거의 애원조로 말했다.

"다른 이들을 하나의 '인간'으로 본다는 건 당신이 그들을 꼭 부드럽게 대해야 한다는 게 아니라고요. 살라딘의 이야기에서 배웠잖아요. 전쟁을 할 때도 평화를 향한 마음으로 할 수 있다는 것을요. 같은 전쟁도 우리 마음이 지향하는 바에 따라 평화를 지속시키기 위한 단계로 만들어 갈 수 있다는 거예요. 이거 알아요? 당신은 나와 같이 여기서 유수프의 얘기를 계속 듣고 있었어요. 그리고 당신은 영리한 사람이에요. 그런데도 만약 이런 사실들에 대해 당신이 아직도 의문점을 갖는다면, 당신은 유수프의 말을 제대로 듣지 않으려는 거예요. 루, 대체 왜 그러는 거죠? 왜 제대로 듣기를 거부 하는 거죠?"

캐롤의 말에 루는 할 말을 잃었다. 일반적으로, 루는 누군가가 공격적인 말을 할 때는 강하게 반격을 하고 그들이 하는 것처럼 똑같이 응수했었다. 하지만 루는 이 순간에는 그런 기분을 느끼지 않았다. 온순하고, 소심한 캐롤은 한 번도 이렇게 직접적으로 다른 사람들 앞에서 루를 비난한 적이 없었기 때문이다. 그랬던 캐롤이 루에게도 책임이 있다고 하면서 반박하고 있었다! 루가 아는 사람들 중 가장 부드러운 사람, 아내로부터 이런 직접적인 공격을 받자 새로운 사실을 하나 깨닫게 되었다. 그는 캠프 모리아프로그램이 사람들을 약하고 무르게 만든다고 생각했었는데, 캐롤을 보니 약한 이들을 오히려 강하게 만드는 듯 했다.

'어떤 정당화 상자들은 사람들을 부드럽게 만든다.' 루는 이 말이 기억났다. '아마도 캐롤은 그런 상자들을 갖고 있는 모양이군. 그래서 상자에서 빠져나오는 것이 캐롤을 더 공격적이 되도록 만드는 모양이군.

하지만 그게 내 문제가 아니지.' 그는 어이없다는 듯 혼자 웃었다. '만약 내가 이 상자들을 갖고 있다면, 난 정말로 공격적이 되겠군.' 그는 다시 혼자 웃었다. '그럼 내가 저 상자에서 나오는 건 내가 조금 더 부드러워지는 걸 의미하는군.'

이런 생각이 들자, 루는 앞으로 자신이 어찌 될지 조금 걱정스러웠다.

"루" 유수프의 목소리가 혼자 생각에 잠긴 그를 끌어냈다.

"괜찮은가요?"

"네, 괜찮습니다."

그는 캐롤 쪽으로 몸을 기댔다. "이제야 내가 들었던 내용을 조금은 기억해 낸 것 같소." 그가 속삭였다. 하지만 속으로는 '난 끝이야. 이제는 말랑말랑한 루가 되겠군.' 하고 걱정했다. 그러나 순간, 그런 사실이 전혀 걱정으로 다가오지 않았다.

사람들을 바라보며 유수프가 말을 이었다. "그럼, 아비의 질문에 대해, 캐롤이 우리의 행동보다 더 중요한 문제—존재방식—에 대한 이슈를 얘기 해 주었습니다. 모두들 무슨 말인지 아시겠죠?"

루는 다른 사람들과 함께 고개를 끄덕였다.

"그럼 제가 다른 질문을 하겠습니다. 만약 삶의 방식에 대한 선택이 중요하다면, 우리는 어떻게 한 삶의 방식에서 다른 쪽을 선택할 수 있을까요? 다시 말하면, 어떻게 평화에서 전쟁으로, 다른 이들을 '인간'으로 보는 것에서 '대상'으로 보는 존재 방식으로 바뀌게 되나요?"

"자기 배반을 통해서요." 엘리자베스가 대답했다.

"그게 뭐였죠?"

"모데카이 이야기를 통해 설명해 주신 개념이죠. 그를 도와야겠다는 느끼며 그런 바람을 갖고 있었을 때, 당신이 그를 한 명의 '인간'으로 보고 있었음을 뜻하는 거죠. 하지만 그것을 무시하고 그에게 등을 돌림으로써, 그를 돕지 않은 것에 대해 자신 스스로를 정당화 시키기 시작했으며, 결국 그가 당신에게 대상이 된 거예요."

"네, 훌륭합니다. 엘리자베스." 유수프가 말했다. "정확합니다. 자기배반, 자신이 옳다고 생각하는 감각적 판단(sensibilities)에 반(反)하는 행위가 나로 하여금 모데카이나 다른 사람들을 다르게 보게끔 만들었습니다. 그들뿐만 아니라, 나 자신과 온 세상을 보는 시선도 바꿔버렸죠.

다행히 이런 행동은 우리가 스스로 선택해서 하는 행동이기 때문에 우리는 그 행동을 다시 되돌릴 수 있습니다. 우리는 우리 행동을 정당화할 필요가 없는 상황으로 가는 방법을 찾을 수 있습니다. 뿌리가 깊고, 지속적이며, 진정한 평화의 길로 가는 방법을요. 심지어 우리 주변에 폭탄이 터지는 전쟁 같은 상황에 있더라도 진정한 평화의 길로 갈 수 있습니다."

"어떻게요?" 캐롤이 물었다.

"아비가 아까 말한 대로, 이와 관련된 내용은 내일 나누겠습니다."

"오늘 밤 여러분들은 스스로가 어떤 정당화 유형을 갖고 있으며, 여러분들에게 가장 많은 영향을 주는 자기 정당화가 무엇인지 생각해 보시기 바랍니다. 또 여러분들 내면에 가지고 있는 전쟁을 향한 마음이, 인생에서 다른 사람과 어떻게 전쟁을 불러오는지에 대해서도 생각해 보시기 바랍니다. 여러분들 내면의 전쟁이 무엇인지 확인하고 그런 전쟁에 대해 숙고해 보시라고 말씀드리는 겁니다. 갈등을 은유적으로 표현하자면, 우리 모두가 우리 인생의 어떤 부분에 있어서는 팔레스타인인과 이스라엘인들처럼 싸우고 있는 겁니다. 그리고 그런 전쟁은 우리 자신도, 우리가 사랑하는 사람들도, 우리가 어떤 누구보다 더 나은 존재라고 생각하게 만들지는 않을 것입니다.

오늘은 여기까지 입니다.

"평안한 저녁을 보내세요."

| 제 3 부 |

나는 어떻게
마음의 평화를 되찾는가

평화는 힘에 의해서 유지 되는 것이 아니다.

오로지 이해에 의해서 이루어질 뿐이다

_ 아인슈타인

15

●

진정한
사과

루는 그날 밤 거의 잠을 이루지 못했다. 지난 30년간 저질러온 실수들이 온통 머릿속에 떠올라 밤새도록 잠들지 못하고 이리 저리 뒤척였다. 코리의 이름을 생각하는 것만으로도 화가 부글부글 끓었었지만 오늘 밤에는 완전히 다른 느낌이었다. 코리가 없어졌으면 하는 바람이 아닌, 코리에 대해 자신이 느끼는 고통이 없어졌으면 하는 바람이 생긴 것이다. 그는 아들을 되찾고 싶었다. 좀 더 정확히 말하면, 다시 한 번 코리의 아버지가 되고 싶다는 열망을 느끼고 있었다.

고통을 느끼자, 회사에서 케이트를 추방하면서 그가 느꼈던 고통도 다시금 되살아났다. 퇴사한 임원들과 가졌던 냉담한 분위기의 회의도 다시 떠올랐다. 그는 이제서야 그 순간 자신이 내뱉었던 잔인한 말과 행동들이 어떠한 것이었는지 알 수 있었다. 케이트를 잃는다는 사실을 감당 못 하고 자존심에 눈이 멀어서는, 모두가 명백히 볼 수 있었던 진실을 보지 못했다. 케이트가 재그럼 회사 성공의 원동력이었다는 진실을 말이다. '어떻게 그렇게 눈이 멀 수 있었을까! 이제 어떻게 하지? 회사를 어떻게 살릴 수 있을까?' 루는 암담했다.

그러나 새벽녘까지 그를 괴롭힌 것은, 옆에 누워서 깊이 잠든 아내 캐롤에 대한 미안함이었다. 거의 31년 동안 자신의 인생을 남편 뒷바라지에 바쳤지만, 정작 남편으로서 그녀에게 해준 것이 거의 없는 것 같았다. 루는 캐롤을 시라큐스 대학 댄스 파티에서 처음 만났다. 그때 캐롤은 루의 친구 중 한명과 데이트 중이었지만, 루는 캐롤을 처음 본 순간부터 그녀에게서 눈을 뗄 수 없었다. 친구를 떠나 캐롤에게 접근하는 것이 윤리적으로 괜찮은 것일까 고민했지만, 파티가 끝날 무렵이 되자 그건 더 이상 고민되지 않았다. 오직 그녀를 차지할 전략만 구상중이었다.

그날 밤 이후 수개월 동안, 루는 캐롤이 지닌 여러 가지 면을 보게 되었다. 캐롤은 밝은 여자였다. 붙임성 있고, 잘 웃고, 사람들을 명랑하게 대했으며, 때론 재치 있는 농담을 해서 함께하기에 즐겁고 편안한 사람이었다. 루는 캐롤과 얘기하는 것도, 농담하는 것도, 함께 있는 것도 즐거웠다. 그러나 한편으로 캐롤은 조심성이 많았다. 목사의 딸로서 순종적인 그녀는 남자들의 속셈이 어떤지 신중히 파악하도록 교육받으며 자랐던 것이다. 그녀의 아버지는 모든 구혼자들에게 지하실에서 자신의 미니 기차 수집품을 보지 않겠느냐고 묻고는 했다. 불도 켜지 않은 깜깜한 지하실에서, 만약 자신의 딸에게 어울리지 않는 행동을 조금이라도 한다면 가만두지 않겠다고 위협하는 것이 그의 진짜 목적이었다. 뿐만 아니라 루도 캐롤의 아버지로부터 그런 강의를 받았다. 하지만 루에게 그런 위협은 캐롤 아버지의 고향에 사는 고등학생에게나 위협적일 듯한 시시한 내용이었다. 대학 3학년인 데다가 그녀 아버지의 집회나 신앙에 애착도 없으며 그런 식의 위협은 단순히 넘어야 하는 장애물일 뿐이었다. 캐롤의 아버지를 만날 때쯤, 루는 완전히 캐롤에게 빠져 있었다. 루는 영리하게도 캐롤을 얻기 위해서는 먼저 캐롤 아버지의 마음을 얻어야 한다는 것을 깨달았다.

루는 캐롤 아버지와 많은 시간을 보냈고 지하실도 자주 들락거렸다. 캐롤과 데이트를 하고 그녀의 아버지로부터 훈계를 듣는 사이, 루의 학교 성적은 바닥을 기고 있었다. 그러나 이를 해결할 방법이 없었다. 그는 수업 시간에도 공부 시간에도 오직 캐롤 생각뿐이었고, 그녀를 안 만난다 해도 성적이 회복될 가망은 없었다. 마침내, 루는 독실한 기독교 신자인 캐롤 아버지의 신뢰를 얻게 되었고, 캐롤에게 청혼을 했다. 그때 루는 캐롤이 독립적인 여자라는 것을 처음 알게 되었다. 캐롤은 아버지의 가르침에 따라 행동은 조심스러웠지만, 시키는 대로 맹목적으로 행동하는 사람은 아니었다. 루가 청혼했을 때, 캐롤은 생각해 보겠노라는 대답만 했고, 다섯 달이나 지나서야 루가 준 반지를 손가락에 끼웠다. 그녀가 청혼을 허락했던 그 순간을 루는 평생 잊지 못할 것 같았다. "그래요, 루. 당신과 결혼할게요." 비 내리던 일요일 오후, 예배를 마치고 집으로 가던 길에 예고없이 캐롤이 갑자기 그에게 말했던 것이다.

"뭐라고?" 루는 자기도 모르게 소리를 질렀다.

"결혼하겠다고요, 루. 제 인생을 당신과 우리 가족을 위해 헌신할께요."

그리고 그녀는 그렇게 했다.

루가 옛일을 회상하면서, 자신이 지난 세월 동안 한결같이 헌신하지 않았음을 깨달았다. 물론 다른 여자에게 눈을 돌린 적은 없었다. 문제는 그런 게 아니었다. 단지 자기 자신을 위해 끊임없는 열망을 쏟았다. 자신의 성공과 사회적 지위만을 생각하며 살았던 것이다.

루가 해병대에 입대하여 베트남에 가기로 한 그의 결정은 거의 무의식적이었다. 캐롤이 그의 청혼에 대해 고민하는 동안, 입대하기로 결심했던 것이다. 거절 당할지도 모른다는 두려움, 만약 캐롤이 거절했을 때 사람들로부터 받을 창피함을 피하기 위해서, 그렇지 않다면 아직 남아있던 애국심 때문이었다. 루는 캐롤이 그를 놀라게 하는 청혼을 받아들이기 이틀 전 자원 입대를 했던 것이다. 그로부터 5년 후, 두 사람은 결혼했다.

이 모든 것이 25년 전 일이다. 그들의 첫 아이 메리는 결혼 1주년이 채 되지 않아 태어났고, 2년 뒤 둘째 아이 제시가 태어났다. 제시가 태어난 후 얼마 되지 않아 루의 첫 번째 회사가 창립되었고, 그는 회사 일에 강박 수준으로 몰두해서, 캐롤이 부모의 모든 역할을 정서적으로, 육체적으로 도맡아 하도록 만들었다. 셋째 아들 코리는 태어난 지

하루가 지나서야 아버지의 품에 안길 수 있었다. "뉴욕에서 열린 회의를 연기할 수 없었어." 루는 캐롤에게 무덤덤하게 말했다. 회의는 무엇보다 중요했던 것이다. 그의 회사가 위치한 월스트리트에서 캐롤이 출산한 예일대 병원까지는 1시간 30분이 채 걸리지 않았기에, 캐롤은 상처를 받았다. 하지만 새삼스러울 것은 없었다. 루는 누군가가 자기에게 무언가 지시하는 것을 좋아하지 않았고, 결혼 생활 동안 남편의 그런 점을 터득한 캐롤은 그에게 많은 것을 요구하지 않았다. 그녀의 열정적인 헌신과 강철 같은 독립성의 놀라운 조화가 그들의 결혼 생활을 유지시킨 원동력이었다.

갑자기 어떤 기억이 떠오르자 루의 얼굴에서는 핏기가 가셨다. 결혼 후 십 년쯤 되었을 때였다. 캐롤이 그에게 뭘 해달라는 부탁을 하자, 루는 갑자기 그녀를 옷방으로 들어오게 했다. 영문도 모른 채 캐롤은 방 안으로 들어갔고, 루는 그녀에게 자신의 바지를 입게 했다. 도대체 왜 이러는 건지 의아했지만, 캐롤은 주섬주섬 바지를 입었다.

"캐롤, 이 바지가 어때 보이지?" 그가 물었다.

"저한테는 좀 크네요." 캐롤이 헐렁한 허리춤을 잡으며 말했다.

"그럼 이걸 절대 잊지 마!" 루는 말단 사원에게 지시하듯 사나운 목소리로 대꾸했다. 단순히 허리 사이즈만의 차이가 아니라 루가 어깨에 짊어지고 있던 책임의 무게가 얼마나 큰지를 인식시킨 것이다.

그는 그 창피한 기억에 몸을 떨었다. 만약 캐롤의 아버지께서 그때 생존해 계셨더라면, 심하게 나무라셨을 터였다.

다음 날 캐롤과 함께 아무 말 없이 캠프 모리아로 운전해 가는 동안에도, 루는 그 때 일을 머리 속에서 지울 수가 없었다. 캠프에 거의 다 왔을 때, 그는 내내 생각하고 있던 말을 하기로 마음먹었다.

"캐롤, 정말 미안하오. 진심으로 미안하오."

"뭐가요?"

"모든 것이 다." 그는 슬프게 머리를 흔들었다.

"당신은 사랑받을 자격이 있는데도, 그만큼 사랑해 주지 못한 것이 미안하오. 그리고 당신이 항상 내 곁에 있어 주었는데도, 난 항상 당신 곁에 있어 주지 못한 것도."

캐롤은 잠시 아무 말도 하지 않았다. 서서히 그녀의 눈에 눈물이 고였다.

"당신은 항상 내 옆에 있었어요, 루." 그녀가 마침내 말했다.

"물론 당신은 때때로 내 곁에 있어야 할 때 다른 곳에 있기는 했지만요. 하지만 항상 가정을 소중히 했잖아요. 많은 여자들은 그런 행운을 누리지 못해요. 많은 여자들이 남편이 가정을 버릴 까봐 불안해 하지만, 전 한 번도 당신이 혹시나 그럴까 하고 걱정한 적이 없어요.

당신이 무엇에 마음을 쏟든 간에, 당신은 나한테도 마음을 쏟는다는 걸 알고 있었어요."

"하지만 내가 했던 행동들은 바람직하지 못했소." 루가 말했다. "그런 걸로 충분치 않아. 당신에게 모든 걸 보상해주고 싶어." 그런 뒤 이렇게 말하고 그는 이를 꽉 다물었다. "약속하리다."

잠시 침묵한 뒤, 캐롤이 말했다. "사과할 사람은 당신 혼자만이 아니예요."

"무슨 말이오?"

"무슨 말인지 아실 거예요. 저는 항상 당신 옆에 있었지만, 마음은 그렇지 않았어요. 저는 당신을 속으로 수년 동안 비난하고 있었어요."

"하지만 당신이 그러는 건 당연해." 루는 진심으로 캐롤을 감싸주고 싶었다.

"그런가요?" 캐롤이 루를 향해 몸을 돌렸다. "내 요구가 얼마나 무시당하는지 생각하면 할수록, 그 요구들은 점점 더 커져갔어요. 다른 사람들의 요구에 내 자신이 무감각해질 때 까지요. 당신의 요구나 코리의 요구에요."

"또 스스로를 학대하고 있군, 캐롤."

"아뇨. 수년 동안 내 자신을 조용히 자책해왔지만, 지금은 아니예요. 나는 마침내 내가 내적인 전쟁을 하고 있다는 것을 알아차렸어요."

"하지만 오랜 세월 당신은 다른 사람의 필요를 충족시키는 일을 해오지 않았소. 결코 당신 자신을 위해 살았던 게 아니잖소."

캐롤이 힘없이 미소 지었다. "나도 내 자신한테 그런 식으로 말하곤 했죠. 하지만 사실은 그렇지 않아요. 이제야 모든 걸 제대로 알겠어요." 그런 뒤 그녀는 나즈막한 목소리로 말을 이었다.

"나는 당신을 미워하고 있었어요, 루."

루는 정신이 아찔해졌다.

"나를 증오했다고?" 그가 멍하게 캐롤의 말을 되풀이했다.

"상상할 수 없는 많은 방법으로, 당신을 비난했어요." 그녀가 말을 멈추었다.

"내가 집안일을 열심히 했나요? 맞아요. 하지만 그건 그냥 몸을 움직이는 거였어요. 모르겠어요? 집을 치울 때마다, 나 자신에 대한 깊은 연민에 가득 차 있었어요. 그리고 당신을 사랑해야 하는데 그렇지 못해서 수년 동안 죄책감을 느끼며 살았어요. 이런 감정의 고리는 점점 악순환으로 빠져들고 있었죠."

루는 무슨 말을 해야 할지 알 수 없었다. "그럼 이제 어떻게 할 거요?" 그가 마침내 물었다.

캐롤은 대답을 하지 않았고, 두 사람은 침묵 속에서 자신들의 상황을 곰곰이 생각해 보았다. 잠시 후에, 두 사람은 캠프 모리아에 도착했다. 더 심층적인 문제를 얘기할 시간이 된 것이었다.

16

전시 중에
선물

"어제 저녁은 어떻게 보내셨습니까?" 사람들이 앉는 모습을 지켜보며 아비가 만면에 미소를 띠고 물었다.

루는 사람들을 둘러보고서 마치 친구들과 있는 것처럼 편안함을 느끼고 있다는 사실에 놀랐다. '내가 이곳을 이렇게 편하게 느끼고 있다니. 놀라운걸.'

루는 심지어 니콜을 보고도 반가운 마음이 들어서, 혼자 웃었다.

"루, 뭐가 그렇게 재밌나요?" 아비가 물었다.

"아무것도 아닙니다." 루가 미소 지었다. "이렇게 모두들 다시 보니까 좋아서요. 그뿐입니다."

"저도요?" 니콜이 짓궂게 물었다.

"당신은 특히 더 그렇소, 니콜." 루가 웃었다.

어제 아침의 냉담했던 분위기는 간데없이 편안함을 느끼고 있었다.

아비가 탐색하듯 루에게 질문했다. "어떻게 상자에서 나오시게 된 거죠?" 그리고는 사람들을 향해 다시 질문했다. "어떻게 우리의 마음이 전쟁에서 평화로 바뀔 수 있을까요? 이것이 오늘 우리의 질문입니다."

"좋은 질문이네요. 저도 그 이유가 궁금하거든요." 루가 말했다.

"사실, 루 당신은 항상 그 이유 속에서 살아왔습니다." 아비가 대답했다.

"저는 그렇게 생각하지 않는데요." 루가 능글맞게 웃으며 말했다.

"분명히 그랬습니다. 어제 아침에 다른 이들을 보고 어떤 감정을 느꼈는지, 지금은 어떤지 한 번 비교해 보세요."

아비의 말은 마치 깜깜한 어둠 속에서 오랫동안 살아온 루에게 아주 환한 빛을 비추는 것 같았다. 분명히 이 방 안의 사람들에 대한 루의 생각과 감정이 바뀌어져 있었던 것이다! 하지만 어떻게 바뀐 것인지는 알 수 없었다.

루는 그의 이런 생각을 말했다. "신기하게도 오늘 아침에는 모든 게 달라 보여요. 어째서 그런 거죠?" 루가 물었다.

"제가 참고가 되는 얘기를 하나 해 드릴까요?" 아비가 물었다.

"그래 주세요."

"제가 언어 장애와 자살 기도 이야기를 해 드렸었죠?"

사람들은 고개를 끄덕였다.

"지금 해 드릴 얘기는 1973년도로 거슬러 올라가야 합니다. 1973년 10월 5일, 저의 15번째 생일이었습니다." 아비는 먼 곳을 응시하며 차분한 목소리로 이야기를 시작했다. 그 다음날은 욤 키푸르, 즉 속죄일이었습니다. 이스라엘에서는 이날 모든 사람들, 심지어 군대에 있는 군인들까지도 기도와 단식을 하고 집이나 교회당에 모여 예배를 드리는 성스러운 날입니다."

"그런데 바로 그 날, 정확히 오후 두 시경에 이집트와 시리아가 이스라엘에 갑작스런 공격을 시작했습니다. 남쪽에서는 이집트가, 북쪽에서는 시리아가요. 예배를 드리던 재향 군인들은 그들을 소집하는 날카로운 사이렌 소리를 듣고 부대로 달려갔습니다. 아직도 그 사이렌 소리가 귀에 생생합니다. 재향 군인이셨던 제 아버지도 그 소리를 듣자마자 순식간에 뛰쳐나가셨습니다. 아버지의 부대는 골란 고원을 따라 시리아인들과 싸우기 위해 북으로 향했습니다. 그것은 제가 아버지를 마지막 본 날이었습니다."

아비는 잠시 말을 멈춘 후 이야기를 계속했다.

"다윗과 골리앗의 6일간의 전쟁 이야기를 듣고 자란 아이였던 저는, 아버지가 일주일 안에 집에 돌아오시기를 바랐습니다. 하지만 아버지께서는 사흘 뒤, 박격포 공격으로 돌아가셨습니다. 눈물의 계곡이라 불리는 아름다운 그 계곡에는, 아버지를 포함한 사상자들이 무수히 많았습니다."

"그 당시에 저와 가장 친했던 친구는 이스라엘계 아랍인 하미쉬였습니다. 하미쉬의 아버지는 저희 아버지와 같은 회사에 근무했고, 회사 직원 가족들을 위한 파티에서 처음 만났습니다. 그는 텔아비브에서 남쪽에 위치한 자파에서 살았는데, 우리 집에서 멀리 떨어지지 않은 곳에 살았고, 우리는 금새 친해졌습니다."

"제가 어린 시절 어울렸던 모든 아이들 중에서, 하미쉬는 저의 말 더듬기를 놀리지 않은 유일한 아이였습니다. 겉으로만이 아니라 속으로도 저의 언어 장애에 대해 놀리지 않은, 진정한 친구였습니다. 그런 하미쉬가, 제 아버지의 사망 소식을 듣고 저를 위로해 주기 위해 집에 찾아왔었습니다. 하지만 분노에 가득 차있던 저는 그를 보지도 않고 돌려보냈습니다. 제가 그에게 독한 말을 퍼붓고 아버지의 죽음에 대해 비난하는 동안 그는 정말 미안하다는 듯이 방문 앞에 서서 고개를 숙인채 묵묵히 듣고만 있었습니다. '네가 우리 아버지를 죽였어. 너 같은 아랍인들이 우리 아버지를 죽였어.' 저는 한참이나 이런 말들을 쏟아냈습니다. 제가 분노로 몸을 떠는 동안, 그는 여전히 고개를 숙인채였고, 조용히 저희 집을 떠나 거리로 쓸쓸히 걸어갔습니다. 그렇게 하미쉬는, 제 인생에서 사라졌습니다."

"제 인생에서 가장 중요했던 두 명을 갑자기 잃게 된 겁니다. 아랍인의 공격에 죽은 유대인 한 명과 유대인의 언어 공격에 사라진 아랍인 한 명, 이렇게 두 사람입니다."

"물론 다른 사상자도 있습니다. 우리가 학습한 것 같이, 다른 사람을 그렇게 심하게 대할 때는 광범위한 정당화를 필요로 합니다. 그래서 저는 인류에 대한 모든 생각을 지워버렸습니다. 아랍인들은 피비린내 나는 아첨쟁이에, 겁쟁이, 도둑, 살인자들이며 죽어야 마땅한 개같은 존재들이며, 이스라엘 사람들의 자비 덕분에 간신히 살아가는 거라고요. 그 뒤로도 수년 동안, 저는 다른 사람의 인간성을 말살시키려고 할때 마다, 필연적으로 내 자신을 포함한 인간의 모든 것을 비인간화시키고 있다는 것을 깨닫지 못했습니다. 아랍인에 대한 증오로 시작된 것이 아랍인에 대한 저의 증오에 동조하지 않는 유대인까지 증오하게 만들었습니다. 결국에는 저 자신에 대한 강한 혐오로 아르조나 템프에 있는 욕실 바닥에 피투성이가 된 채 쓰러져있게 된 것입니다."

"저의 어머니는 아버지가 돌아가신 뒤에 제가 겪은 격한 감정들에 너무 놀라셔서, 미국에 계신 삼촌과 함께 지내라고 1974년 여름에 저를 이곳으로 보냈습니다. 물론 이곳에서도 두 부류의 사람들을 증오하게 되었어요. 하나는 저의 신실한 삼촌과 같은 독실한 유대인 부류였습니다. 그들은 저에게 있는지 없는지도 모르는 신을 무조건 의지하라고 요구했습니다. 제가 볼 때는 분명 신께서 절 도울 생각이 없음이 분명한데도 말이죠. 그리고 또 하나의 부류는 유대인 모자인 키파를 어쩔 수 없이 쓰고서 말까지 더듬는 유대인 소년을 곁눈으로 흘끔거리던 미국인들이었습니다."

"저는 생존을 위해 말 더듬기를 고치려 안간힘을 썼고, 마침내 아리조나 주립대에 입학할 때에는 어느 정도 더듬지 않고 말할 수 있게 되었습니다. 그래도 저는 혼자였습니다. 언제나 다른 사람들과 동떨어져서 혼자 있었으며, 한 명의 외로운 영혼이었습니다."

"그럼 학교 성적이라도 좋았겠다고 생각하실 분들도 계실 겁니다"
그는 킥 웃었다. 그 웃음은 이야기 속 긴장감을 다소 완화시켜 주었다.

"나에게 공부할 시간이 많았을 테니까요. 하지만 대부분의 외로운 사람들이 그러하듯, 사교적인 사람들보다 더 많이 다른 사람들에게 집착했습니다. 사실 속으로는 한 번도 혼자였던 적이 없었습니다. 비록 몸은 다른 사람들과 떨어져 홀로 있었지만, 마음 속으로는 아버지, 유대민족, 아랍인, 하미쉬를 늘 생각하고 있었습니다. 사람들을 왜, 무엇 때문에 미워하는지 항상 기억해야 하고, 다른 사람들과 떨어져 지내야 한다는 것을 늘 상기시키기 위해, 저는 항상 그들을 생각해야만 했습니다."

"두 번째 자살 기도 이후에 병원에 잠시 입원했다 퇴원한 이후, 저는 제 미래에 대해 곰곰이 생각해보았어요. 그 때는 미래가 온통 암흑으로 보였습니다. 성적은 대학 1학년 때 학교에서 학사 경고를 받았을 정도였고, 2학년 때는 더 형편없었습니다. 저는 퇴학당할 처지였습니다. 그러다 5월 초 어느 날, 교무처장으로부터 제적 경고 비슷한 것을 받았습니다. 퇴학당하기 전 최후의 구명 방법을 알려주는 안내장이었습니다. 40일 동안 대학 교수 중 한 명이 운영하는 구명 프로그램에 등록해야 한다고 적혀 있었습니다. 그 때 그 프로그램을 운영했던 교수가 바로 유수프 알파라였습니다."

그는 팔을 뻗어 유수프를 가리켰다. 유수프는 그의 손짓에 가볍게 머리를 끄덕였다.

"물론 저는 그렇게 할 생각이 없었습니다. 분명히 저처럼 증오심 덩어리일 거라고 여기는 사람과 제가 40일 동안 지내기 전에 기꺼이 퇴학 당할 생각이었으니까요. 어머니께 저의 그런 생각을 말씀 드렸더니, 몸소 미국으로 오셨습니다.

'너는 이 프로그램에 등록해야 한다, 아비.'라고 어머니께서 꾸짖으시더군요. '안 그러면 너는 더 이상 내 아들이 아니다. 내가 겁주려고 그런다고 생각지 마라.'이렇게 말씀하시고는 덧붙이시길, '너는 두 번이나 네 생명을 버리려고 했다. 그리고 네 안의 무언가가 내가 4년 전에 알던 내 아들을 바꾸어 놓았어. 분명히 말하지만, 만약 네가 한 번도 만나지 못한 사람들에 대해 가지는 맹목적인 악의 때문에 이 소중한 기회를 버린다면, 너는 더 이상 내 아들이 아니다. 그리고 너는 네아버지의 아들도 아니다."

아비는 숨을 크게 들이쉬면서 말을 잠시 멈추었다. "그래서 저는 프로그램에 참가했습니다. 기꺼이 적과 함께 지내겠다는 마음으로요."

사람들은 그의 다음 말을 기다렸다.

"그래서 어떤 일이 생겼나요?" 니콜이 물었다.

"제가 말해도 될까요?" 유수프가 아비에게 물었다.

"그럼요, 하세요." 아비가 말했다.

유수프는 방 정면 쪽으로 걸어갔다. "어떤 일이 생겼는지 짐작 하시게끔, 어제 이곳에서 일어난 일을 얘기해 드리는 게 좋을 듯 하군요. 바로 칼과 테리의 딸인 제니에게 일어난 일입니다."

'제니!' 루는 그녀를 생각했다. 제니에 대해 깜빡 잊고 있는 것이 믿어지지 않았다.

"칼, 테리." 유수프가 물었다.

"제니를 이곳에 어떻게 데리고 왔는지 모두에게 얘기해도 될까요?"

칼은 모두의 눈길이 갑자기 그를 향하자 잠시 당황한 듯 했지만, 침착하게 대답했다. "그럼요."

"정말 괜찮습니까?"

"그럼요, 말씀하세요."

"테리는요?"

"저도 괜찮아요."

"좋아요, 그럼." 유수프는 모두에게로 몸을 돌리며 말을 시작했다.

"제니가 어제 아침 부모님의 차에 탔을 때, 자신이 치유 프로그램에 간다는 사실을 모르고 있었어요. 저희가 그런 방식을 선호하지 않는 다는 걸 이제 아시겠지만, 어쨌든 일이 그렇게 되었습니다. 제니의 오빠도 그 차에 같이 타고 있었어요. 그는 부모님들이 이 사실을 얘기할 때 제니가 난리 피우지 않도록 그녀를 꼭 끌어안고 있었습니다. 어제 모두들 제니 오빠가 제니를 놔주자마자 제니가 맨발로 도로에 뛰쳐나 간 것을 보셨을 겁니다. 신발을 안 신고 있었다는 걸 못 보신 분들도 있겠지만. 여기서는 아침 9시에는 신을 안 신고 있어도 됩니다. 하지 만 일단 해가 도보들을 달구기 시작하면 그런 일은 상상도 할 수 없는 일입니다. 심지어 4월에도 그렇습니다.

"어제 오후에 말씀드린 것처럼, 제니는 저희들이 토론을 시작한 직후에 도망쳤습니다. 그리고 우리 직원 중 젊은 두 사람이 그녀 뒤를 쫓아갔었죠. 제가 이제 말씀 드릴 얘기는 그 두 사람이 제니를 뒤쫓던 몇 시간 동안에 일어난 일입니다.

"몇 시간이요?" 루가 물었다.

"네."

"그녀 뒤를 쫓은 두 사람은 메이리와 마이크였습니다. 두 사람은 한때 이 프로그램의 학생들이었고, 지금은 우리와 함께 일하고 있습니다. 메이리는 스무살이고, 마이크는 스물 둘입니다. 그리고 두 사람이 지금 이 방에 와있습니다."

유수프가 팔을 뻗어 방 뒤편을 가리키자 모두 뒤쪽으로 머리를 휙 돌렸다.

메이리와 마이크는 낡은 카키 바지에 티셔츠를 입고 미소를 짓고 있었다. 마이크는 머리에 묶은 손수건을 가볍게 두들기며 인사했고, 메이리는 수줍게 손을 흔들었다.

"이리로 와서 어제 일어난 일을 얘기해 주겠어요?" 유수프가 물었다.

두 사람은 미소를 지으며 고개를 끄덕였고 방 앞쪽으로 걸어갔다.

마이크가 얘기를 시작했다.

"음, 제니는 부모님들이 이 빌딩에 들어온 지 15분 후쯤에 도망을 쳤습니다. 메이리와 제가 제니를 쫓아갔을 땐, 이미 몇 블록을 앞서 달아나고 있었습니다. 저희는 뒤쫓아가며 제니를 불렀지만 제니는 저희한테 소리만 질러댔어요. 그리고는 부모님들이 그녀를 속였다고 비명을 지르기 시작했어요.

"죄송합니다." 그는 미안하다는 듯 테리와 칼에게 사과했다. 약간 몸을 웅크린 채 사과의 표시로 머리를 숙였다. 칼은 괜찮다는 표시로 머리를 흔들었고, 마이크에게 걱정 말라는 듯 손목을 가볍게 흔들었다.

"너무 신경 쓰지 말게." 칼이 말했다. 칼이 계속하라는 눈짓을 보내자 메이리가 말을 이었다.

"제니는 울고 있었어요. 저희가 무슨 말을 해도 소용이 없었어요. 저희가 보기에 그 상황에서 제니에게 말을 거는 게 상황을 더 악화시킬 것 같았습니다. 말을 걸 때마다 제니는 더 빨리 달리기 시작했고, 우리를 따돌리려 벽도 뛰어넘었죠."

"그 애는 장애물 달리기 선수예요." 어머니 테리가 거의 사과조로 말했다.

"알만하네요." 메이리가 웃었다. "그래도 어쨌든 따라 잡으려고 최선을 다했어요."

"그리고 대화도 계속 하려고 했고요." 마이크가 덧붙였다.

"계속 그런 식으로 따라갔어요. 제니를 뒤쫓아 뛰고 얘기를 하려고 시도하면서요. 한참 동안이나요 그러다 갑자기 제니가 무언가를 눈치챘어요."

"뭐였죠?" 테리가 물었다.

"제니의 발에서 피가 나고 있었어요. 그래서 저희가 제니한테 사람을 시켜서 신발을 가져오게 해도 괜찮겠냐고 물었지요."

"그랬더니, 싫다고 했습니다."

테리가 한숨 쉬었다.

"그랬는데 메이리가 갑자기 앉더니 신발을 벗기 시작했어요. '내 신발 신어, 제니.' 메이리가 이랬죠. '네 발에 상처가 너무 심해. 내 발은 괜찮아. 어서 신어.' 그런데 제니는 차마 제가 얘기할 수 없는 욕을 내뱉고는 계속 도망 치더군요."

칼은 상심에 차 머리를 흔들었다.

"어쨌든 저희는 전혀 개의치 않았어요. 메이리도 신발을 벗은 채였고요."

테리와 칼은 호기심에 찬 시선으로 그들을 바라보았다.

"마이크도 같은 행동을 했어요." 메이리가 덧붙였다. "주저 앉아 같이 신발을 벗었어요. 그런 뒤 저희는 제니 뒤를 쫓아갔죠."

"맨발로요?" 루가 물었다.

"네." 메이리가 대답했다.

"얼마나요?"

"글쎄요. 아마 세 시간쯤 요."

"세 시간이나! 도보 위를 맨발로요? 피닉스에서요?"

"네."

"왜요?"

"그게 바로 문제입니다." 유수프가 끼어들었다. "분명히 메이리와 마이크는 그 이유에 대해 분명히 표현하기 힘들 것입니다. 그들은 단지 그것을 하는 것이 옳다고 알고 있었던 겁니다.

"하지만 말이 안되잖소." 루가 소리쳤다. "제니는 신발을 원치도 않았어요."

"사실입니다. 루, 그것은 세상에서 가장 깊은 감각을 만들어냅니다 (측은지심-역자). 확실히 그들 스스로 불편을 겪었지만, 그들 행위는 아주 중요한 무언가를 성취해 낸 겁니다."

"그게 뭡니까? 무얼 이루어 낸 겁니까?"

17

타인을 위한 공간

"아니. 정말 알고 싶어요. 대체 뭘 이루어 낸 겁니까?" 루가 강하게
물었다. "이게 무슨 소용인가요–신발을 벗은 일인가요?"

"그런 행동이 무슨 소용이 있는지 보다는 그것이 어떤 좋은 것을 유
발했는지가 훨씬 중요합니다." 유수프가 대답했다.

"좋아요. 그럼 어떤 좋은 것을 유발한 거죠?"

유수프는 메이리와 마이크를 바라보았다.

"얘기해 주겠어요?"

"그럼요." 메이리가 말했다. 그녀는 루를 바라보았다. "무슨 소용이
있는지는 제가 잘 모르겠습니다. 허버트 씨."

'어떻게 내 이름을 알지?' 루는 궁금했다.

"하지만 제니에게 무슨 일이 일어났는지는 분명히 알아요. 제니는 스스로 프로그램에 등록하겠다고 결정했거든요. 아마도 그런 건 예상 못 하셨을 테지만요."

"못했소." 루가 놀라서 눈썹을 치켜들며 수긍했다. "그런 생각은 전혀 못했어요. 어떻게 그럴 수 있었소?"

"제니를 몇 시간이나 뒤쫓은 후에, 저희는 마침내 쇼핑몰까지 갔어요. 그랬는데 제니가 그 곳에서 친구 한 명을 우연히 만났어요. 제니는 친구에게 부모님들이 자기에게 어떻게 했는지 어떻게 강제로 프로그램에 참여시키려고 했는지 얘기를 시작했어요. 그리고 저희들을 가리키며 부모님이 끌고 가려 했던 캠프에서 일하는 사람들이고 여태껏 자기 뒤를 쫓아다녔다는 얘기를 하더군요.

"그 친구는 피가 나는 저희 발을 내려다보고는 허버트 씨가 했던 질문을 똑같이 하더군요. '맨발로? 맨발로 도시를 뛰어다녔단 말이야?'라고요.

"'그러게 말이야.' 제니가 싱긋 웃었어요. 그러자 친구는 제니와 저희를 번갈아 보고는 말했어요. '난 잘 모르겠지만, 그 프로그램이 괜찮을 것 같아. 한 번 등록해보지 그래.' 그런 뒤에 저희는 한동안 함께 얘기를 나누었습니다. 친구가 떠나자 제니는 저희 쪽으로 몸을 돌리고는, '좋아요, 그럼 캠프 모리아에 대해서 좀 더 얘기를 해줘요.'라고 하더군요.

저희는 그녀가 알고 싶어하는 모든 것들에 대해 알려줬어요. 유수프와 아비에 대해서 말해줬고, 가게 될 황야와 그곳에서 어떻게 생활하게 될지, 또 그 생활이 얼마나 재미있고 흥미로운지, 얼마나 해방감으로 자유로운지에 대해서요. 해방감 부분에서는 저희 말을 믿지 않더라고요." 메이리가 웃었다. "하지만 계속 저희 얘기를 들어주었어요. 한동안 얘기를 나누고 나서는, 제니가 뭐라 했는지 아세요?"

모두가 대답을 궁금해했다.

"'좋아요, 가겠어요.' 그냥 이렇게만 말했어요. 별로 흥분하지는 않았지만요. 오히려 상심한 듯 보였어요. 하지만 어쨌든 갈 의사는 있었어요. 그리고 이곳까지 차를 타고 오다, 막 주차장에 들어서기 직전에 이렇게 말하더군요. '오늘 내가 심한 말을 해서 미안해요. 그리고 발이 그렇게 된 것도요.' 제니는 진심으로 미안해하고 있었어요. 눈에 눈물이 고인 것을 보았거든요.

"그럼 허버트 씨, 저희가 신발을 벗어 던진 게 제니가 기꺼이 프로그램에 참여하게끔 만들었을까요? 저는 확실히 모르겠습니다. 제니한테 한 번 물어보셔야 할 거예요. 하지만 이거 한 가지는 확실히 알아요. 신발을 벗어 던진 것이 저에게 어떤 의미가 있었는지는요. 그것은 제니의 세상 속에 동참하는 방식이었거든요. 그게 바로 저희가 이곳에서 항상 실천하려고 노력하는 거예요. 사람들이 상자 밖으로 나갈 수 있도록 돕는 공간을 만드는 방법이죠. 예를 들면, 학생들이 황야로 나갈 때 음식과 판초만 입고 간다면, 저희도 같이 음식과 판초만 가지고 가는 거예요. 만약 학생들이 옥수수 죽만 가지고 가는데, 저 혼자만 먹기 위해 초콜릿 바를 가지고 간다면, 제가 아이들을 어떤 식으로 여기는 게 되겠어요? 또 학생들이 바닥에서 자는데 제가 푹신한 매트리스에서 잔다면, 아이들을 어떻게 여기는 게 되겠어요.

"제 자신을 학생들보다 더 나은, 더 가치 있는 사람으로 여기는 게 되죠. 그럼 그런 행동이 학생들이 저를 보고 어떻게 여기게끔 할 것 같으세요?

"학생들이 어려움에 처할 때 함께 하는 것은 그들의 마음이 저항심을 갖고 전쟁으로 가지 않도록 돕기 때문에 오히려 그런 행동이 저희한테 도움이 되는 거예요."

"그럼 허버트 씨." 루를 한 번 더 보며 메이리가 연이어 말했다.

"제니를 위해 신발을 벗어주는 게 제니 마음에 어떤 변화를 만들었을까요? 저는 잘 모르겠어요. 하지만 저한테는 변화가 있었어요. 그 행동은 제 마음이 평화롭도록 도와주었거든요. 그랬기 때문에 제니에게도 변화를 만들어 준 것 같아요. 유수프와 아비가 항상 저희한테 말하는 것처럼, 우리의 마음이 평화롭지 않으면 우리는 평화의 대리인이 될 수가 없거든요."

루는 아무 말 없이 메이리의 말을 들으며 꼼짝 않고 앉아 있었다. 눈앞에 서 있는 고작 스무 살 된 앳된 아가씨, 아마 고등학교를 졸업한 지 채 2년도 안된, 과거 수 년 동안 비행청소년이었던 아가씨가, 루가 여태껏 살아오면서 아직 접근하지 못했던 삶의 명령을 갖고 있는 것처럼 보였기 때문이다.

"메이리와 마이크, 고마워요." 유수프가 말했다.

다시 사람들을 바라보며 그가 말을 이었다. "이제 아이들이 좋은 보살핌을 받고 있다고 생각하시나요?"

"그런 것 같네요." 니콜이 대답했고 다른 사람들도 비슷한 말을 했다.

"고마워요." 루는 메이리와 마이크에게 감사의 고개를 끄덕였다.

"자, 그럼" 유수프가 두 사람이 떠나고 난 뒤 말을 이었다.

"저 젊은 직원들이 우리 캠프의 비밀 무기입니다. 저들이 바로 우리 아이들의 인생에 기적을 불러오는 사람들인 거죠. 두 사람이 우리에게 가르쳐 준 내용과 앞으로 저희가 말씀드릴 내용에 대해 토의하고 싶습니다.

"개인들 간의 대부분의 전쟁은 뜨거운(hot) 다양함보다는 냉담함입니다. 삭이지 못한 분노, 오랫동안 간직한 원한, 도움주지 않은 것, 공유하지 않고 움켜잡고 있는 자원 같은 것들이죠. 이런 것들을 마음 속에 간직하는 건 바로 우리의 가정과 직장을 위협하는 전쟁 같은 행동들입니다. 메이리가 우리에게 알려준 원리는 그런 전쟁 같은 환경뿐만이 아니라 여러분들이 아이들과 함께 하는 이곳 캠프에서도 적용됩니다.

한 예로 직장에 대해 생각해 보세요. 여러분들을 위해 일하는 사람들에게는 다른 기준을 적용하면서, 여러분들이 스스로에게 주는 특권에 대해 생각해 보세요. 예를 들면, 휴가나 주차 공간 선택권이나, 특별 혜택이나, 언론의 관심이나, 어떤 일을 성취하기 위해 여러분들이 해야 하는 일과 회사 내 다른 사람들이 해야 하는 일에는 분명 차이점이 있습니다. 이 모든 것들은 필요하면서도 피하기 어려운 것입니다. 그리고 속으로 여러분들이 다른 이들보다 월등하거나 특별 취급을 받을 가치가 있다고 생각하기 때문에, 어떤 특권을 여러분들이 누리는지도 한 번 생각해 보세요. 같은 팀의 동료들은 모두 동일한 기준에 의해 일해야 한다고 생각하면서, 스스로에게는 다른 특별한 기준을 적용해 일하는 것은 별로 대수로운 게 아니라고 생각하시지 않습니까? 그리고 자신이 다른 사람들보다 월등하고, 대접받을 가치가 있고, 더 중요한 사람이라는 식의 메시지를 다른 사람들에게 보내고 있지는 않으십니까?"

유수프가 물었다.

"그런데 정말 그렇다면요?" 별다른 악의 없이 루가 물었다.

"자신이 남들보다 더 중요한 존재라는 거요?"

"네."

"그럼 제가 중요한 업무를 수행하도록 하기 위해서 호화스러운 집은 어떻게 중요한 걸까요? 단순히 필요해서 가져야 하는 혜택은 어떤 게 있을까요? 황야의 상황에 대입해 보면, 어떤 게 초콜릿 바와 푹신한 매트리스고 어떤 게 라디오와 비상 의약품인가요?"

"하지만 왜 그런 게 문제시 되어야 합니까?" 루가 반박했다. "만일 제가 현재 위치에 이르기 위해 일생을 바쳐 열심히 일했다면, 기꺼이 그런 혜택을 누려도 되는 것 아닌가요?"

유수프는 루의 말에 미소 지었다. 루와 그런 식으로 나누는 대화를 즐기고 있었다.

"맞습니다, 루. 당연한 얘기죠. 그리고 모든 노동자들은 그런 식의 혜택을 다들 누리고 싶어하기 때문에 당연히 그런 걸 생각하죠. 하지만 사장이시니까 루에게 묻고 싶은 게 있습니다. 루가 즐기고 있는 그런 혜택을 다른 직원들도 즐길 수 있는 분위기를 과연 만들었을까 하는 겁니다. 루가 일에 흥분하고 몰두하듯 다른 사람들도 직장에서 그렇게 하고 있습니까? 최고의 리더들은 다른 사람들이 따라가고 싶어하는 사람들입니다. 이와 반대로 힘이나 필요 때문에(의해) 다른 사람들이 따라가야만 하는 리더를 부르는 이름이 있습니다. 바로 독불장군 입니다."

독불장군! 그 말이 주는 잔상이 루의 귀에 성가실 만큼 오래도록 남았다. 루가 해고한 임원 중 한 명인 잭 테일러가 그를 그렇게 불렀기 때문이었다. '코리도 분명 날 그렇게 불렀을 테지.' 루는 회상했다.

퇴사한 재그럼 회사 임원들은 모두 루가 어떤 차를 타고 다니는지, 루의 사무실은 어딘지, 루의 책상은 어느 것인지, 어떤 가구가 루의 것인지 말할 필요도 없이 잘 알고 있었다. 루는 분명 직원들과는 다른 규정들을 자신에게 적용시켰다. 예를 들면 다른 직원들이 2천 달러가 넘는 비용을 지출하려면 루의 승인을 받아야 했지만, 루는 자신이 원하는 만큼 언제라도 지출할 수 있었다.

'하지만 내가 사장이잖아!' 루는 스스로를 위로했다.

"그럼 무슨 말을 하고 싶으신 겁니까, 유수프?" 루가 물었다.

"제가 한 일들에 대해서 저 자신이 좀 더 혜택을 누릴 가치가 없단 말씀이신가요? 제가 회사를 세웠단 말입니다. 젠장."

"혼자서요?"

"무슨 말씀이죠?"

"혼자서 회사를 세우신 거냐고요?"

"아뇨. 전 그런 말을 한 게 아닙니다."

"아니라고요? 그런 말씀을 하셨는데요."

"그런 말을 한 게 아닙니다." 루는 적절한 단어를 찾으려 고심했다. "제 말은 제가 회사를 이끌었다는 말입니다. 저 없이는 안될 일이었죠."

"분명 당신 얘기는 맞습니다, 루. 틀린 얘기가 아닙니다. 그럼 이런 질문을 해보죠. 지금 이 상황에서 당신이 열심히 노력해서 얻은 중요한 위치를 과시하는 게 더 중요한가요, 아니면 루보다 더 오랜 기간 일을 하고, 능력에서 루를 능가하고, 더 성장하게 되어서 결국 루에게 감사하고 존경할 팀이나 회사를 만드는 게 더 중요한가요? 어떤 걸 원하시나요, 루?"

유수프의 질문은 루가 이사실에서 가장 거칠고 냉담했던 회의를 떠올리게 했다. 케이트 스테나루드, 잭 테일러, 넬슨 멈포드, 커크 와이어, 돈 실링. 루는 그 당시 아침에 그들의 사망 기사와 자신이 키운 '아기 같은' 재그럼 회사의 사망기사를 써보았었다.

'지금 무슨 짓을 하는 거야. 회사가 무너지고 있어. 아무도 나를 고마워하지도, 공경하지도 않아. 모두들 케이트만 존중하고 있어.' 그는 그 때 스스로에게 이렇게 빈정거렸다.

케이트. 하지만 이 순간 갑자기 그녀의 이름이 새로운 의미로 다가왔다. '그녀는 직원 들 중 한 명이었던 거야.' 루는 속으로 생각했다. '그래서 모두가 그녀를 사랑하고 따랐던 거야. 케이트는 자기가 남들보다 낫다고 생각하지 않았어. 좀 더 운이 좋다고는 생각했어도, 월등

하다고는 생각지 않았지.'

"난 끝이야!" 루는 갑자기 버럭 소리를 지르고는 머리를 흔들었다.

" 난 끝이라고."

"네?" 유수프가 물었다.

"제가 어떤 직원 하나를 해고했었습니다." 루가 멍한 시선으로 얘기를 시작했다.

"일련의 다른 룰을 적용하는 것을 거절하고 다른 직원들과 함께 일했던 사람입니다. 그녀는 모든 직원들을 동일한 가치를 지닌 사람으로 대했어요. 때로는 임시 계약 직원들에게까지 관심을 보여 저를 화나게 했어요." 루는 잠시 말을 멈추었다.

"심지어 어떤 날 카페테리아에 일손이 부족해서 청소부들을 손수 돕는 걸 본 적도 있어요. 전 도저히 믿을 수가 없었습니다. 제 생각에는 그녀가 시간과 제 돈을 낭비하고 있다고 생각했거든요. 하지만 사람들은 그녀의 그런 점을 사랑했습니다." 이 말에 뭔가 깨달은 듯 그는 머리를 흔들었다. "항상 주차장 끝자리에 차를 주차했어요. 운동 삼아 걸어 다니는 거라 하면서요." 지금에야 루는 케이트가 운동을 위해 차를 그렇게 멀리 주차한 게 아니라는 걸 깨달았다.

"그리고 지금 회사에는 저 같은 사람들만 남아 있습니다." 그는 말을 이었다.

"자신이 최고의 대접을 받을 자격이 있다고 생각하는 사람들만요." 루는 분통터지는 듯 머리를 흔들었다.

"저는 수년 동안 좋은 주차장 자리를 맡아왔고, 저만을 위한 좋은 선택을 했는데, 이제 그런 것들이 제 발목을 잡고 있습니다. 케이트와 다른 임원들을 해고한 이후로, 회사는 위기에 처해 있습니다. 노조는 저를 옴짝달싹 못하게 죄이고 있고, 직원들은 모두 걱정에 빠져 있습니다. 생산은 저하되고 고객들은 어떤 일이 벌어지고 있는지에 대해 우려하고 있습니다. 그리고 저는 지금 여기 뚝 떨어진 아리조나에 있는 거죠. 여기 있어야만 하기 때문이기도 하고, 아들을 어떻게 다뤄야 할 지 모르기 때문에요. 그리고 이제 이런 생각이 듭니다. '난 정말 엉망이구나.' 유수프가 그렇게 말하고 있군요. 바로 제가 엉망이라고요."

"사실, 그렇게 말하는 건 당신 자신입니다." 유수프가 조용히 말했다. "전 그렇게 말하지 않았으니까요."

"괜찮아요. 제가 대신 그렇게 말해주죠." 엘리자베스가 농담을 던졌다.

루는 깊은 생각에 빠져 있었다. "모두가 케이트를 사랑하고 따랐던 건 당연해요." 그는 독백을 하듯 말을 이었다. "젠장, 정말 큰 실수를 했네요."

"그럼 이제 어떻게 하실 건가요?"

"잘 모르겠어요." 루가 솔직히 대답했다.

"아마도 케이트가 당신에게 방법을 알려줄 것 같은데요." 유수프가 대답했다.

"하지만 저는 그녀를 해고했습니다. 이제 저희 회사에서 일하지 않아요."

"그 반대입니다, 루. 그녀의 존재가 당신에게 지금보다 더 크게 느껴졌던 적은 없었습니다. 그녀를 회사에서 내보냈을지는 몰라도, 당신 마음 속에서는 내보내지 않았습니다. 제 말이 틀렸나요?"

"아뇨, 그 말이 맞아요." 루는 의자에 깊숙히 몸을 파묻으며 말했다.

"케이트가 사랑 받은 이유가 있습니다." 유수프가 말했다.

"사람들이 그녀를 따르고 그녀를 위해 일하게 만든 이유와 같은 거죠. 그리고 케이트에 관한 이야기를 듣고 나니 제가 과연 그 이유를 알고 있는 것 같다는 생각이 듭니다."

"그게 뭐죠?"

"이곳에 있는 케이트 같은 사람, 메이리가 저희에게 가르쳐 준 것입니다. 케이트는 재그림 회사에 다니는 사람들을 위해 일할 수 있는 공간을 만들어 주었습니다. 메이리가 제니를 돕기 위해 만든 공간과 비슷한 거죠. 매일 아침 케이트가 출근할 때, 아마도 그녀는 메이리가 신발을 벗었던 것 같은 비슷한 행동을 했을 거라고 확신합니다. 종종 두렵고, 독선적인 환경에서, 그녀는 다른 직원들이 걱정거리를 덜고, 일을 잘 할 수 있는 마음의 공간을 마련한 것입니다."

유수프는 잠시 말을 멈추다가 말했다.

"제 말이 맞나요?"

"네." 루가 대답했다. 그의 마음은 지금 코네티컷에 있는 그의 회사에 있었다.

"유수프 말이 옳아요."

18

하미쉬에게 보내는 편지

유수프는 먼 곳을 응시하는 루와 마주하기 위해 머리를 약간 기울였다. "그런 시선이 무엇을 의미하는지 저도 압니다. 일이 더 잘될 거라는 확신이 없을 때 저는 그런 시선으로 세상을 바라보곤 합니다. 바로 절망과 단념의 시선이죠."

루는 그의 말을 곱씹어 보았다. "그래요. 제가 지금 그런 기분인 것 같군요." 루는 순순히 유수프의 말에 동의했다.

"절망적인 단절감은 나 자신을 꼼짝 못하게 할 정도로 강렬한 유혹입니다." 유수프가 말을 이었다. "하지만 그건 거짓입니다."

루는 유수프의 말에 갑자기 기운을 되찾았다. "어떻게 그렇게?"

"사실이 아닌 것을 가정하고 있는 겁니다."

"네?"

"당신이 갇혔다고 가정하고 있는 것이죠. 지금껏 그래온 것처럼 계속 고통을 겪게 될 운명이라고 가정하고 있는 것일 뿐입니다."

이것은 사실, 루가 느끼고 있었던 것이었다. 그는 다시 의자에서 푹 주저 앉았다.

"조금 전에, 루는 다른 사람이 아닌 자기 자신이 엉망이라고 했습니다. 절망감을 불러일으키는 생각이지만, 사실 그래서 더 희망적입니다."

"그게 무슨 말이죠?" 루가 물었다.

"만약 당신이 엉망이라면, 당신만 바로 잡으면 되는 거니까요. 나 자신을 개선시키는 건 다른 사람한테 달린 게 아닙니다."

"하지만 만약 저만 엉망인 게 아니라면요." 루가 부루퉁하게 물었다. "만약 제 주변 다른 사람들도 저처럼 엉망이라면요?"

유수프는 도저히 참을 수 없었다. "그럼 정말 문제네요." 유수프는 큰 소리로 웃었다.

"제 생각도 그래요." 루는 자신이 불쌍하다는 듯 머리를 흔들었다.

"농담한 거예요." 유수프가 여전히 웃음기 어린 목소리로 말했다.

"대개의 경우는 그렇죠." 엘리자베스가 미소를 지으며 덧붙였다.

"그래요." 유수프가 동의했다. "대개의 경우. 사실 재그럼 회사의 모든 직원이 엉망이라 해도, 그것도 희망적인 상황이거든요."

"어째서 그렇죠?"

"왜냐면 다른 사람들의 거짓말 때문에 절망감을 느끼게 된 거니까요. 당신이 어떤 행동을 하든, 그들을 바꿀 수는 없다고 생각하고 계시잖아요."

"그게 사실이니까요. 제가 뭘 어떻게 하든 그들을 바꿀 수는 없어요."

"맞는 말입니다."

"유수프 말의 요점이 뭔지 모르겠어요."

"루가 그렇게 느끼는 건 어려운 상황에 너무 일찍 굴복했기 때문입니다." 유수프가 미소지었다. "우리가 다른 사람들을 바꿀 수 없다는 것이 사실이긴 하지만, 그들이 변화하도록 초대할 수는 있습니다. 결국에는 메이리가 제니가 변화할 수 있도록 돕지 않았나요?"

루는 잠시 생각해보았다. "네, 그런 것 같더라고요."

유수프는 잠시 말을 멈추었다. "우리 모두는 우리들이 누군가에게 쏟는 비난이나 자기 정당화 상자에 대해 책임이 있습니다. 하지만 그런 것들을 모두 없애버릴 수도 있습니다. 단순히 정당화 상자 때문에 누군가가 희생되지는 않습니다. 그로 인해 누군가가 스스로를 희생자로 만들 뿐이지요. 우리 자신이 상자 안에서 나오고, 다른 이들도 그렇게 하도록 권유함으로써, 우리가 상자 안에 갇혀 스스로를 희생자라고 더는 여기지 않게 됩니다. 우리는 결과적으로 다른 이들에게 필요한 변화를 스스로가 만들어 낼 수 있도록 우리가 그들을 상자 밖으로 초대하기 시작합니다. 사실 이것이 최고의 리더들과 부모들이 변화를 일으키는 방식입니다. 그래서 만약 루가 그런 절망적인 마음에 굴복한다면 당신은 거짓에 굴복하는 게 됩니다. 당신의 상자가 이기게 되는 거죠."

"그럼 어떻게 해야 합니까?" 루가 물었다. "제가 갇혀 있는 상자에서 나오려면 어떻게 해야 합니까?"

"아비가 자신의 상자에서 나온 방식이나 제가 제 상자에서 나오는 방식으로요."

"그 방식이 어떤 겁니까?"

"아비의 이야기를 좀 더 들어보면 도움이 될 것 같네요." 유수프가 말했다. 유수프의 권유에 아비는 다시 일어섰다.

"그럼, 1978년 여름, 아리조나 오지에서 있었던 얘기를 해 드리겠습니다."

루는 아비가 말하는 유수프와의 첫 만남, 그들의 초반의 갈등 상황, 아비가 주변에 있는 모든 사물이나 사소한 것들에까지 분노를 느꼈다는 얘기를 들었다.

"그러나 어느 순간 갑자기 모든 것이 저를 위해 변하기 시작했습니다." 아비가 말을 이었다. "어느 날, 별이 반짝이던 밤 하늘 아래서 유수프와 밤이 늦도록 대화를 나누었습니다. 프로그램에 참가한 지 2주쯤 지났을 때였죠. 저는 그 때까지 사람들과 거의 한 마디도 나누지 않은 상태였습니다. 제가 침낭에 누워 별을 바라보고 있을 때 유수프가 다가와 말을 건네더군요. '마치 우리가 예루살렘에서 보는 하늘 같아.'

"저는 망설였습니다. 그러다가 결국 입을 열었어요. '그러게요. 북두칠성도 있고 북극성도 있네요. 아버지께서 별자리를 가르쳐주시곤

했는데.'

"제가 그 말을 하자, 유수프가 제 옆에 와서 앉았습니다. 아마도 곁에 있는 누군가로부터 도망가고 싶다는 느낌이 들지 않은 건 그 때가 처음이었던 것 같습니다. 유수프가 이러더군요. '아버지에 대한 얘기를 좀 해줘, 아비.' 유수프의 말을 듣자마자 저도 모르게 제 어린 시절의 기억에 대해 쉴 새 없이 늘어놓았습니다. 아버지가 어린 저를 데리고 산책을 나가셨던 거며, 유대 민족의 역사를 가르쳐 주셨던 것, 공원에서 축구를 가르쳐 주셨던 것 같은 사소한 얘기들을요. 또 아버지가 항상 토요일 아침 식사를 손수 마련하셨다는 것과, 아버지의 연구 조사 업무를 따라 여행 다니는 걸 제가 무척 좋아했다는 얘기도 했어요. 그리고 아버지는 제가 잠자리에 들기 전에 책을 읽어 주었다고 했어요. 마치 터진 둑 사이로 흐르는 물처럼 추억들이 끝없이 기억나더군요. 아버지에 대한 저의 사랑과, 그의 죽음으로 느낀 상실감, 그가 더 이상 내 곁에 없다는 슬픔들이 저의 마음을 옥죄이고 있던 상자들 속에서 흘러나왔어요. 제 마음은 끝없는 상실감에 고통받고 있었는데, 유수프에게 그 모든 추억들을 얘기하던 바로 그 순간, 저는 갑자기 어떤 느낌에 마음이 회복되었습니다. 아버지와 함께 있고 싶다는 그리움. 바로 그 느낌에 의해서요.

"유수프는 아무 말 없이 가만히 제 옆에 앉아 제가 하는 모든 얘기를 들어주었습니다. 유수프는 아마 알지 못했겠지만, 그날 밤 유수프는 제게 있어 아버지의 대역 같은 존재였습니다. 제 자신을 거의 5년 동안 세상과 차단시킨 뒤, 최소한 아버지 같은 누군가와 함께 있다는 게 도움이 되었습니다. 유수프에게 아버지에 대해 얘기한 그날 밤 이후로 저는 서서히 치유되기 시작했습니다. 그리고 저를 치유되도록 도와준 사람이 다름 아닌 아랍인이었다는 사실에도 저는 영원히 고마워할 것입니다. 그 순간까지 아버지를 돌아가시게 만들었다고 생각해서 모든 비난을 아랍인에게 쏟으며 살았는데, 바로 그 아랍인이 제가 아버지의 존재를 다시금 기억할 수 있도록 도와주었기에 더 이상 아랍인에 대한 미움을 유지하기가 어려웠습니다.

"다음 날 아침 제가 일어났을 때, 저는 기꺼운 마음으로 다른 사람들과 함께 활동에 참여했고 아침 식사 준비를 도왔습니다. 처음으로 그렇게 사람들과 어울리는 행동을 했던 거죠. 아침 식사를 한 뒤 캠프를 나와 덤불 속을 하루 종일 걸어 다녔습니다. 그 날 하이킹을 했다는 걸 이렇게 잘 기억하는 건, 제 자신이 즐거운 기분을 느낄 수 있는 사람이라고 아주 오랜만에 다시금 깨닫게 되었던 첫날이기 때문입니다.

"그 후 며칠 동안, 몹시 그리운 누군가에 대한 추억이 파도가 밀려오듯 마음 속으로 쉴새 없이 밀려 들어왔습니다. 바로 하미쉬에 대한 추억이었습니다. 하미쉬는 정말 좋은 친구였습니다. 제게 얼마나 상냥하고, 순수하고, 선했는지 모릅니다. 그런데 제가 그에게 너무 심하게 굴었던 거죠. 제가 얼마나 깊은 상처를 받았는지 알고서 저의 고통을 조금이라도 덜어주려고, 제가 슬퍼할 때 찾아와 준 친구였습니다. 그는 선한 의지와 위로를 가진 천사로서 제게 왔는데, 저는 그를 악마처럼 대하며 심하게 내친 것이었습니다."

아비는 손을 뻗어 뺨에 흐른 눈물을 닦았다.

"내친 것만으로도 모자라, 저는 제가 아는 모든 나쁜 말로 그를 비방하고 다녔습니다. 저는 그를 끊임없이 비난했습니다. 아버지의 죽음에 대해 어머니를 제외하고서 어느 누구보다도 저를 위로해 준 사람이 바로 하미쉬였는데도 말입니다. 자비와 사랑을 갖고 있었던 사람을 그렇게 대한 거죠. 당시 하미쉬는 어린 나이에 자신의 민족 국가와 시민권을 갖고 성장한 국가, 이 두 나라 사이에서 난처한 지경에 처해 있었던 겁니다. 그의 민족이 그가 자란 나라를 공격했던 순간에, 아마 무엇보다도 그 자신이 가장 위로를 필요로 했을 텐데도, 그는 저를 위로하러 기꺼이 와 주었습니다. 그런 자비로운 행동에 대해 저는 끔찍한 고통으로 보답했던 겁니다.

"아, 하미쉬! 숲길을 걸어가며 그런 생각에 속으로 외쳤습니다. '내가 너한테 준 고통을 어떻게 갚을 수 있을까. 너의 자비로운 행동에 어떻게 보답하고, 너한테 주었던 고통과 씁쓸함을 내가 어떻게 지워 줄 수 있을까?' 이런 생각이 계속 떠올랐습니다."

아비는 다시 한 번 눈물을 닦았다.

"그 후 여러 날 동안 무작정 덤불 속을 걸어 다니며 저는 이런 생각에 고민을 했습니다. 처음 제가 유수프와 얘기를 나눈 밤 이후로 열흘 지난 어느 맑은 저녁에, 저는 다시 유수프와 함께 앉아 얘기를 나누었습니다. 그날 밤에 저는 유수프에게 하미쉬와 저의 거칠었던 행동에 대해 털어놓았습니다. 그때까지 그런 얘기를 어느 누구에게도 한 적이 없었기에, 그런 이야기를 한다는 자체가 저에게 카타르시스를 주었습니다. 물론 요즘에는 뭔가 마음에 걸리는 게 있으면 이를 충족시킬 수 있는 행동을 하지만, 저는 그 때까지 저의 그런 나쁜 점을 다른 누군가가 아는 것을 원치 않았기에, 그런 사실을 마음 깊이 꼭꼭 숨겨두고 있었던 겁니다. 그래서 그런 얘기를 한다는 것만으로도 마음 속 상처가 어느 정도 치유되었습니다. 물론 전부가 아니라 어느 정도는요. 제가 마음 속에 숨겨두고 자라게 한 괴로움의 근원에 대해 얘기를 하면서 말이죠. 얘기를 하는 와중에, 단순히 미안함을 느낀다고 해서 괴로움을 해소하기에는 충분하지 않다는 생각이 들었습니다. 어린 시절의 순수함으로 돌아가 하미쉬를 다시 생각해보면서, 저는 그를 찾고싶다는 열망과 필요를 느끼게 되었습니다.

"'제가 어떻게 해야 할까요?' 유수프한테 물었죠.

"'그를 위해 어떤 행동을 취하고 싶은 거야?' 그가 묻더군요.

"'네. 제 마음이 그렇게 말하고 있어요.' 제가 대답했습니다.

"'그럼 어떤 행동을 하고 싶은 건가?'

"'그게 바로 제가 묻고 싶은 거예요.' 제가 대답했죠.

"'아.' 하지만 이건 네 인생이고 네 친구이고 네 마음이잖아. 그렇지 않니? 네가 무슨 행동을 해야 할지를 내가 말해줄 수는 없어. 오직 너만이 알고 있을 테니까.'

"'그럼 어떡하지?' 저는 스스로에게 물었습니다.

"'아마 다음 며칠 동안 걸어 다니면서 그 질문에 대해 생각해 봐야 할 거다.' 유수프가 마치 제 마음을 읽은 듯 말하더군요.

"저는 그렇게 했습니다. 하미쉬에 대해 고민하기 시작한 지 셋째 날 아침, 우리는 세기식물(용설란)이라 불리는 놀라운 식물을 보게 되었습니다. 줄기가 족히 9미터는 되어 보이더군요. 세기식물은 15년에서 20년 가까이 살다가 죽기 전 마지막 해에 이르러서 줄기를 한껏 위로 올리고 꽃을 피운다고 하더군요. 꽃이 핀 다음 밑에 작은 싹이 생기고 원줄기는 죽는데, 줄기를 위로 올리느라 모든 힘을 다 쓰기 때문입니다. 그러다 결국 줄기가 넘어지면, 씨앗이 땅에 비처럼 떨어지고, 새로운 식물들이 싹을 틔우는 겁니다. 이 식물이 줄기를 올리기 전의 나지막한 상태의 모습은 아리조나 사막이나 다른 곳에서 흔히 찾아볼 수 있는 여느 식물들과 다를 바 없지만, 바위투성이나 마른 흙 속에서 그렇게 높이 줄기를 올리고 꽃을 피우는 권위가 있고 희망을 대기 중에 보내는 식물은 별로 없습니다. 세기식물이 품는 씨앗이나, 높이 올리는 줄기는 미래 삶의 약속이 있는 사막에 다른 생명이 또 자라리라는 희망이 되죠.

"저는 캠프에 참가한 후로 이 식물에 대해 배우게 되었고, 첫 몇 주 동안은 다양한 종류의 다른 식물들도 보게 되었습니다. 하지만 세기식물의 꽃이 만개한 모습을 보게 되었을 때, 갑자기 어떤 생각이 떠올랐습니다. 하미쉬와의 우정은 일생에 단 한번 오는 친구가 주는 선물이었다는 것을요. 우리가 살았던 환경의 어려움 속에서도 우리는 힘들게 우정의 꽃을 피웠다는 것을요. 마치 세기식물의 다 자라지 못한 작은 줄기들처럼 우리가 헤어질 때 우리의 우정은 잘 드러나지 않은 작은 것이었다는 것을 깨닫게 되었습니다. 하지만 시간이 무르익어 세기식물이 희망의 봉화처럼 꽃을 하늘 높이 올리는 것과 반대로, 저는 우리 우정의 뿌리를 뽑아 버리고 시들도록 비난했던 것입니다. 제

앞에 높이 솟아있는 세기 꽃은 마치 하미쉬와 저의 우정의 상징 같았습니다. 꽃을 보며 '이 꽃처럼 하미쉬와 나의 우정은 높이 자랄 수 있었는데, 내가 그걸 뽑아버렸구나.' 하는 생각을 했습니다.

"저는 세기식물의 가장 키가 낮은 가지에서 씨앗 하나를 땄습니다. 제가 없애버렸지만 높이 올라갔더라면 좋았을 거라고 생각하는 저의 우정의 상징인 듯 보이는 그 씨앗을 싸서 주머니 안에 넣었습니다. 그 날 저녁, 저는 하미쉬에게 온 마음을 터놓는 편지를 썼습니다. 저의 잔인했던 행동과 제가 준 고통에 대해서 사과하는 내용을 적었습니다. 그리고 한 때 우리가 가졌고, 또 앞으로 회복되길 바라는 우정의 상징으로 그 씨앗을 동봉했습니다.

"물론 저는 하미쉬나 하미쉬 가족이 예전에 살던 집에 아직도 살고 있는지 알 수가 없었습니다. 하지만 제가 기억하던 옛 집주소만이 하미쉬와의 유일한 연결고리였습니다. 이틀 뒤 매주 황야로 오는 우편배달부에게 제가 쓴 편지를 부쳤습니다. 제 편지와 세기식물의 씨는 아리조나 사막에서 팔레스타인 계의 젊은 한 아랍인을 만나길 바라며 여정을 떠났습니다. 건강하고 선한 마음을 지닌 한 사람을 향해서요."

아비는 감정이 북받치는 듯 잠시 말을 멈추었다.

"그래서 어떻게 됐나요?" 니콜이 조심스레 물었다. "하미쉬로부터 연락을 들었나요?"

"아뇨. 한 번도 연락을 받지 못했습니다."

사람들이 아쉬움의 탄성을 내뱉었다. 마치 다른 대답을 기다리고 있었던 듯 했다. "슬프네요." 니콜이 나즈막한 목소리로 말했다. "하미쉬가 어떻게 되었는지 아시나요?"

"네. 제가 미국에 온 지 2년이 지났을 때 하미쉬 가족이 이사를 했더군요. 이스라엘 북쪽에 있는 말롯 타쉬나라는 동네로요. 하지만 이사한 지 5년 후에 그는 레바논 군대가 쏜 박격포 공격으로 죽었습니다. 1982년 레바논 전쟁이 일어나기 전이죠."

"너무 슬프네요." 니콜이 잠긴 목소리로 속삭이듯 말했다.

"네." 아비는 바닥을 내려다보며 고개를 끄덕였다.

"그럼 하미쉬가 편지를 받았나요?" 엘리자베스가 물었다.

아비는 머리를 흔들었다. "모르죠. 알 길이 없는걸요."

그는 다시 고개를 들어 사람들을 바라보았다. "저는 그가 죽을 때까지 그가 어디에 있는 지 몰랐습니다."

"하미쉬가 편지를 못 받았다는 게 참 아쉽네요." 캐롤이 말했다.

"그렇죠." 얼굴에 슬픔을 가득 드리운 채 아비가 말했다. "저는 항상 궁금합니다. 제가 그에게 준 고통과 제 편지가 그에게서 그 고통을 덜어 주었는지 여부가요."

"하지만 편지를 쓴 게 당신한테는 도움이 되었군요." 페티스가 말했다.

"제 마음을 고치도록 도움이 되었다는 말인가요?" 아비가 물었다.

"네."

"그랬죠. 비록 하미쉬가 제 편지를 받지는 못했지만, 어찌보면 그 편지는 저에게로 온 것이었습니다. 편지는 우정의 회복을 바라는 마음을 밖으로 표현한 것이었으니까요. 하미쉬는 아마 편지를 받지 못했을 테지만, 그 편지를 통해 저는 하미쉬를 받아들이게 되었고, 다른 사람들도 서서히 받아들이기 시작했습니다."

"유수프 같은 아랍인들도 말이죠?" 니콜이 물었다.

"네. 그리고 증오했던 미국인들, 유대인들, 제 가족과 제 자신까지도요. 그리고 제가 마음 속으로 전쟁을 하던 모든 사람들도요. 모든 사람의 모습에는 다른 사람들이 포함되어 있습니다. 내가 상대방을 싫다고 생각하는 모습이 있다면, 결국 나는 그 모습을 갖고 있는 내 자신을 괴롭히게 됩니다. 다른 사람을 해치려다 나 자신을 해치는 상황이 되는 거죠. 그런 행동 때문에 우리 자신은 위험에 처해있으며 다른 사람들과 결국 멀어지게 됩니다."

19

내면의 평화
발견하기

"루, 조금 전에 유수프에게 당신은 자신이 발견한 상자에서 어떻게 벗어날 수 있는지 물으셨죠? 상대방에 대한 비난, 자기 정당화, 내면의 전쟁, 분명하게 상자 안에 있다는 것으로 부터요."

"네."

"하미쉬 이야기를 통해서, 제가 갇혀있던 제 자신의 상자로부터 빠져나올 수 있었던 중요한 방법을 알려드리겠습니다. 말하자면 '상자 밖으로 나오는 프로세스'라고 부를 수 있겠네요."

루는 기대감과 동의하는 뜻으로 고개를 끄덕였다.

"우선, 상자에 대해 깨달으셔야 할 게 있습니다. 저희들이 말하는 상자는 진짜 상자가 아니라 내가 다른 사람과 어떤 관계에 놓여 있는 지를 나타내는 은유적인 표현입니다. 그래서 나는 상자 안에 있을 수 있고 동시에 상자 밖에 있을 수도 있습니다, 전혀 다른 방향으로요. 예를 들어, 제가 아내에게는 비난을 하고 그런 제 행동을 정당화하려 애쓰면서도, 유수프에게는 솔직하고 친절하게 행동할 수 있는 겁니다. 혹은 반대의 경우도 마찬가지입니다. 우리는 이렇게 상반되는 행동을, 수많은 인간관계 속에서 동시에 하면서 살아가게 됩니다."

"좋아요." 루는 대체 왜 아비가 그런 사실을 중요하다는 듯 말하는 지에 대해 생각에 잠기며 말했다.

"말인즉, 처음부터 우리는 상자 안에 있다는 걸 스스로 인식할 수 있습니다. 우리가 상자 안에 있다는 것을 깨닫게 되면, 우리 자신을 정당화시키는 방식으로 누군가를 보고 느끼고 있다는 것을 알아차릴 수 있기 때문입니다. 우리 내면의 차이점으로 상자 안에 있는 것과 상자 밖에 있는 것의 차이점을 인식할 수 있습니다. 다시 말하면 우리 내면에 상자 밖에 있는 장소도 가지고 있습니다. 그곳에는 비난과 자기 정당화에 의해 뒤틀리고 왜곡되지 않은 나를 자유롭게 하는 관계와 기억(추억)을 가진 장소가 있습니다.

"좋아요. 그런데 우리가 상자 안에서 꼼짝하지 못 한다는 감정이 있을 때 상자 밖으로 나가는 것과 무슨 관련이 있습니까?"

"그것은 우리가 상자 안에서 꼼짝하지 못한다고 할 수 없다는 것을 의미하기 때문에 관련이 있습니다."

"네?"

"별빛 아래 제가 유수프와 대화를 나누었다고 말씀드린 것을 기억해 보세요. 그날 밤 저는 아버지와의 상자 밖 추억들을 여전히 많이 갖고 있다는 걸 알게 되었잖아요. 제가 예전의 왜곡되지 않은 즐거운 추억으로 가는 방법을 찾았다는 것을 인정하자마자, 많은 것들이 다르게 보이고 느껴지기 시작했던 거죠."

"하지만 그날 밤 이전까지 5년 동안 언제든 그런 기억들을 끄집어낼 수 있었는데도 그렇게 안한 거잖아요. 분명히 그렇잖아요." 루가 말했다. "대체 무엇이 그 날 밤 그런 기억들을 되살아나게 한 거죠?"

"좋은 질문이에요. 저도 수없이 같은 질문을 제 자신한테 던졌죠."

"그랬더니요?"

"그 답은 메이리와 마이크가 우리에게 들려준 얘기 속에 있는 것 같은데요. 유수프가 저와 캠프에 등록한 다른 아이들에게 보인 노력 속에도요. 메이리가 주변 환경을 편안히 느끼도록 하고 평화로 향하기 위해 그녀 힘으로 모든 것을 행해야 하는 중요성에 관해 얘기한 걸 기억하시나요? 그것이 이곳에서 가르치는 교훈 중 하나입니다. 나의 마음을 밖으로 향하게 하고, 내가 상자 밖으로 나가고 앞으로 전진할 수 있도록 가장 큰 도움을 주는 것은 상자 밖에 장소 혹은 내 안의 유리한 위치를 찾는 것입니다. 그와 같은 내 마음의 유리한 위치를 찾는 최고의 기회를 주기 위해서, 유수프는 내 마음과 내 주위에 상자 밖에 장소를 만들도록 도와준 것입니다.

"어떻게 도와준 거죠?"

"우선 유수프는 저에 대해 상자 밖에 있었습니다. 제 얘기를 들으셔서 아시겠지만, 별이 쏟아지는 그날 밤 그가 다가왔을 때, 만약 제가 그 전처럼 그를 향해 비난을 해대었다면, 아마도 대화가 그런 식으로 진행되지는 않았을 겁니다. 저는 마치 제니처럼, 유수프는 마이크와 메이리처럼 행동했던 거죠. 저는 제게 일어났거나 일어날 수도 있는 사소한 것들에 항상 공격을 가했습니다. 하지만 그런 공격이 한번 사그라지자, 다시 마음 속에 그런 부정적인 것들을 만들어 내기가 무척 어려워졌습니다. 처음에 제가 유수프를 거부했음에도 불구하고 그는 저를 거부하지 않았습니다. 그는 제가 마음속에 상자 밖 공간을 만들 도록 도와주었습니다. 새로운 시각으로 제 인생을 볼 수 있게끔 도와 주었습니다. 가로막혀 있던 예전 즐거운 추억이 자유롭게 기억났습니다. 상자 속에서 이뤄진 기억의 왜곡으로부터 자유로워진 것이었죠."

"그럼 조금 아까 말씀하신 '상자 밖으로 나오는 프로세스'는 뭡니까?" 루가 물었다.

"이미 초반의 두 부분에 대해 말씀 드렸는데요." 아비가 대답했다. 칠판으로 몸을 돌리고는 다음의 내용을 적기 시작했다.

· 내적 명료성과 평화 되찾기 ·
상자 밖으로 나가기

I. 상자의 징조들을 찾으라.
(비난, 정당화, 다른 사람을 나쁘게 만들기, 일반적인 상자 유형 등)

"몸을 돌리며 아비가 말했다. "우선, 내가 상자 안에 있다는 신호인 생각과 감정으로 상대방을 비난하는 것과 자기 정당화를 조심해야 합니다. 그리고 일반적인 상자들의 다양한 신호에 대해서도 주의하셔야 합니다. 다양한 징조들은 '내가 더 우월하다', '나는 자격이 있다', '나는 남보다 못하다, 혹은 '나는 이렇게 보여야만 한다'에 집착하는 생각과 감정입니다. 그리고 내가 갇혀있는 상자에서 나가고 싶다는 열망을 가질 때, 이들 상자에 의해 방해 받지 않는 내 안에 있는 몇몇 장소들, 상자 밖 공간과 장소를 발견할 수 있게 됩니다."

"그럼 그것이 유수프와 함께 그날 밤에 발견한 것입니까?" 루가 물었다.

"네. 그 때 아버지에 대한 추억들이 되살아나게 되었습니다."

"하지만 제 옆에 유수프처럼 도와주는 사람이 없는 경우에는 어떡합니까?" 루가 다시 물었다. "제 주변 모든 것들이 무너지고 있을 때 상자 밖 장소를 어떻게 발견할 수 있습니까?"

루는 아비의 말꼬리를 잡으려는 게 아니었다. 단지 루는 세월을 지내오는 동안 새롭고 좋은 것을 배워도 어려움이 닥치면 그런 좋은 것들은 생각 못 한다는 사실을 경험을 통해 알았고, 이런 사실을 항상 유념하고 싶을 뿐이었다.

"사실, 우리 모두가 마음 속에 상자 밖 공간을 갖고 있습니다. 우리가 그런 공간을 찾아야 한다는 사실을 잊지 않는 한, 그런 공간을 찾는 건 어렵지 않습니다. 먼저 스스로에게 최근에 혹은 일반적으로, 어떤 사람과 상자 밖에 있었는지 물어보세요. 그 사람 이름이 마음 속에 떠오르면, 그 사람과의 경험에 대해 생각해 보세요. 아마 조금 전에 본 세상과는 다른 세상이 보이게 될 겁니다."

"루는 고개를 끄덕였다. 큰 딸 메리가 그에게는 바로 이런 영향을 주는 존재였다. 메리가 곁에 있다는 것 만으로도 루의 마음은 쉽게 진정이 되었다. 힘든 하루를 보내고 나면, 루는 마음을 정리하기 위해 메리를 데리고 종종 산책을 나갔으며, 매일 밤 잠들기 전 책을 읽어주곤 했었다. 메리가 태어난 후로 두 사람은 늘 이런 편안하고 돈독한 관계를 유지했다. 하지만 큰 아들 제시는 메리처럼 루의 마음을 진정시켜 주지는 못했다. 학업, 특별 활동 모든 면에서 루는 제시에게 높은 기준을 부여했고, 그 때문인지 두 사람 사이에는 늘 팽팽한 긴장감이 있었다. 하지만 루는 모든 일을 훌륭하게 해내는 제시를 몹시 자랑스러워했다.

'그럼 이것이 상자 밖 장소일까?'

루는 알 수 없었다. 아비가 말을 이었다. "가능하시면, 내게 상자 밖 공간을 만들어 주는 사람에게 전화나 직접 대화를 통해서 지금 겪고 있는 어려움에 대해 도움을 구해 보세요.

"그렇지 않으면 인생에서 가장 큰 영향을 주는 사람들에 대해 생각해보세요. 그리고 왜 일이 이렇게 어렵게 되었는지에 대해 함께 생각과 이야기를 나누어 보세요."

루는 갑자기 캐롤이 자신에게 주는 한결 같은 영향력에 대해 생각하게 되었다. 아비의 목소리가 이어졌다.

"자주 그런 사람들을 기억해 내는 것만으로도 여러분들은 상자 밖 편안한 장소를 갖게 되는 겁니다. 아니면, 여러분은 친절함을 받지 못할 상황인데도 다른 사람이 여러분에게 친절하게 대한 순간이 있을 겁니다."

루는 아버지의 새 차를 허드슨 강에 빠뜨렸을 때 아버지의 반응에 대한 기억을 떠올렸다.

"혹은 여러분한테 강력한 영향을 준 책이나 구절이 있을 겁니다. 여러분을 상자 밖으로 나오도록 도와준 책이 있을 겁니다."

루는 〈은신처〉, 쟈크 루시랭의 자서전 〈빛이 있었다〉와 같은 책들을 떠올렸다. 이 책들은 힘들고 고된 시기에도 냉소적인 마음을 갖지 않는 방법을 가르쳐 주었다.

"혹은 그런 영향을 주는 활동이나 장소도 있겠죠." 아비는 말을 이었다.

"예를 들면 모든 것들이 제대로 돌아갔던 시절을 기억나게 해주는 장소들이 있을 겁니다. 제 경우에는 프랭크 시나트라의 〈마이 웨이〉 노래가 그런 역할을 합니다. 시나트라의 노래는 제가 처한 현실에 대해 보다 분명하게 생각하고 느낄 수 있는 기억의 순간들로 데려다 줍니다. 제가 막내딸 리디아를 재워줄 때 그의 음악을 듣곤 했기 때문에 아마도 제게 그런 영향을 주는 것 같습니다.

"물론 이런 내용은 여러분 모두가 잘 아시는 겁니다. 하지만 갈등이나 증오에 사로잡혀 있다 보면, 이렇게 해야 한다는 생각이 떠오르지 않습니다. 증오가 생겨나는 매 순간 평온한 장소로 가야 한다는 생각이 절대 떠오르지 않는 거죠. 일단 우리가 평온한 장소로 가는 방법만 찾으면, 상자에서 나오기 다음 단계로 갈 준비가 되는 겁니다. 우리가 발견한 상자 밖 공간의 도움에 힘입어, 우리는 어려운 상황을 내적인 평화와 내적 명료성의 관점에서 새롭게 생각할 수 있게 됩니다."

그 말을 한 뒤, 아비는 칠판에 세 번째 방법을 적었다.

· 내적 명료성과 평화 되찾기 ·

상자 밖으로 나가기

1. 상자의 징조들을 찾으라.
(비난, 정당화, 다른 사람을 나쁘게 만들기. 일반적인 상자 유형 등)

2. 상자 밖 장소를 찾으라
(나를 자유롭게 하는 관계, 좋은 추억과 활동, 장소 등)

3. 상황을 새롭게 보라. (상자 밖에서 새로운 관점)

"상황을 새롭게 본다는 게 무슨 말이죠? 그리고 그건 어떻게 하는 겁니까?" 페티스가 물었다.

"그건 제가 설명해도 될까요, 아비?" 유수프가 아비에게 물었다.

"그럼요. 물론이죠"

유수프는 칠판 앞에 섰다. "일단 여러분이 상자 밖의 유리한 위치에 있게 되면, 여러분을 힘들게 한 상황에 대해 새로운 생각을 갖게 된다는 말입니다. 상황을 새로운 관점으로 보게 되므로, 다른 곳에 은밀하게 숨어있던 좋은 생각들을 끄집어낼 수 있게 된단 말이죠.

아비는 별이 가득했던 밤하늘 아래서 그런 관점을 찾아낸 것입니다. 아마 여러분이 그와 똑같은 상황에 있다 해도 아비처럼 스스로 상자 밖에 있을 수는 없을지 몰라도, 다른 많은 상황들이 아비가 겪은 것 같은 경험을 여러분들이 하게끔 만들어 줄 수 있습니다. 여러분은 당신에게 힘이 되는 기억과 생각을 만드는 관계나, 장소, 기억, 활동, 책 구절 같은 것들을 찾아야 합니다. 이처럼 평화가 유지되는 내적인 유리한 고지를 찾게 되면, 여러분의 도전적인 문제를 새롭게 볼 수 있게 됩니다. 지금까지 새롭게 학습한 것과 성찰을 통해 우리는 상황을 새롭게 볼 수 있습니다."

"하지만 어떻게요?" 페티스가 물었다.

"몇 가지 질문을 통해서요."

"무슨 질문이죠?"

"풀이 가득한 코네티컷 공원에서 제가 배우게 된 질문들입니다." 유수프가 대답했다. "최루 가스가 여기저기서 터지던 순간에 배운 거죠."

20

외적인
평화 찾기

"코네티컷요?" 자신이 사는 주가 나오자 루는 호기심에서 물었다.
"그리고 최루 가스요?"

"네." 유수프가 대답했다. 그는 잠시 생각에 잠겨 사람들을 둘러보았다. "아비가 미국에 오게 된 이야기를 해주었습니다. 저도 제가 이곳에 오게 된 이야기를 해줄 때가 된 것 같네요.

어제 말씀 드린 것처럼, 저는 요르단이 웨스트 뱅크를 연결했을 때 베들레헴에 있었습니다. 여덟 살 무렵부터 호객꾼으로 일하면서 서양인들과 접촉을 갖게 되어 얼떨결에 영어를 배우게 되었습니다. 1951년 무렵이었던 것 같습니다. 아비와 달리, 저는 다른 유태인 친구가 한 명도 없었습니다. 모데카이 라본 이야기를 해드렸으니, 제가 유태인을 얼마나 싫어했는지는 아실 겁니다. 사실 저는 십대 시절 대부분을 아버지의 죽음에 대한 복수를 꿈꾸며 보냈습니다. 저뿐만 아니라 저와 비슷한 열망을 가진 사람들이 많았습니다. 그 열망은 1950년대 초반에 시작해 1960년대 절정에 이르렀던 팔레스타인 사람들의 애국심을 기르는 토양이 되었습니다.

"1957년 제가 14살이 된 무렵, 저는 '자유를 위한 젊은 사자들'이라고 알려진 젊은이들의 운동에 참여하게 되었습니다. 저희 모임은 1950년대에 지역 대학에서 나타나기 시작한 팔레스타인 학생 조직의 비공식적 단체였습니다. 조직원 학생들의 어린 동생들이 비슷한 조직을 만들어낸 것이었죠. 우리 조직은 야세르 아라파트라는 공대생을 리더로 한 카이로 대학의 학생 조직을 본따 만들어진 것이었습니다."

아라파트의 이름들 듣자 사람들은 놀랍다는 반응을 보였다. "네, 여러분이 아는 바로 그 사람입니다. 저는 금새 조직에서 리더가 되었습니다." 그는 말을 이었다. "16살이 되었을 때, 새로 뽑힌 다른 조직의 리더들을 만나기 위해 쿠웨이트로 초대를 받았습니다. 아라파트도 그중 한 명이었습니다. 그는 당시 팔레스타인 민족 해방운동이라 불린 조직에서 리더로 활동하고 있었습니다. 이 조직은 조직 이름의 머리글자를 딴 파타(Fatah)라는 이름으로 잘 알려졌습니다. 조직의 목표는 창립 선언문에도 나와있듯, 무력 혁명을 통해 이스라엘 정부를 팔레스타인 정부로 바꾸는 것이었습니다. 복수를 바라던 젊은이의 피를 끓게 만들었던 비전이었습니다.

"저는 이스라엘의 전멸을 바라며 쿠웨이트에서 돌아왔습니다. 복수는 오직 시간 문제일 뿐이라고 생각했습니다. 당시 저의 바람은 이스라엘인 모두를 없애는 것이었습니다. 저는 기대감과 행복감에 정신이 아찔해질 지경이었습니다.

"그러나 어머니께서는 저의 이런 생각을 받아들이지 않으셨습니다. 어머니는 밤사이 저희 집에 편지를 전해주던 연락원들을 믿지 않으셨고, 마침내는 편지들을 가로채 없애기 시작하셨습니다. '나는 남편을 이미 잃었는데, 하나 남은 아들까지 잃을 수는 없어!'라고 제게 소리치셨습니다. 또 이런 말씀도 하셨습니다. '데이르 야신의 비극에 '복수를 한답시고 또다시 피비린내 나는 싸움을 일으켜서는 안돼. 이스라엘인들이 너에게 총을 겨누지 않는 상황에서 네가 그들을 향해 총을 겨누어선 안돼!'라고요.

"'하지만 어머니, 그들은 제게 총을 겨누었어요.' 제가 말했죠. '그들은 서방과 결탁해서 중동에서 가장 강력한 무기를 갖고 있어요.'

"'네가 무기와 정치에 대해 뭘 안단 말이냐!' 어머니가 쏘아 붙이시더군요. '넌 뜬구름 잡는 생각에 사로잡혀 있는 아무것도 모르는 어린애일 뿐이야. 그리고 넌 내 아들이니, 밤에 편지를 전하는 밤 도둑들에게 동참해서는 안돼!' 어머니께서는 팔레스타인 민족해방조직 연락원들을 밤도둑이라 부르시며 저를 꾸짖으셨죠.

"'그럼 아버지의 아들로서 동참하겠어요.' 제가 소리질렀습니다. 제가 아무리 무례하게 굴어도 어머니가 혼내지 않으시리라는 것을 알고 있었거든요. 어머니의 꾸지람에도 저는 무조건 '저는 해야만 해요.'라고 말했습니다.

"그리고 저는 실제로 조직의 활동에 동참했습니다. 저는 예루살렘-베들레헴 지역에 있는 규모가 제법 큰 파타 조직의 말단 리더로 활동하기 시작했습니다. 어린 소년에게는 사실 지나치게 버거운 일이었죠. 제가 1962년경, 약 5천 명 가량의 신실한 활동 대원들을 잇는 기초 네트워크 망을 만들고 난 이후, 아라파트의 사촌이 갑자기 제가 맡던 조직을 통치하게 되었습니다. 저는 공식적으로 조직 서열 두 번째가 되었죠. 하지만 조직 내 모든 사람들은 실상은 제가 권력을 빼앗겼다는 사실을 모두들 알고 있었습니다.

"그 일은 제게 감당하기 힘들 정도로 모욕적이었지만, 시온주의 유태인들에 대한 저의 증오심이 그런 모욕쯤은 감당하게 해 주었고, 저는 충실한 일개 보병으로 조직에 남아 조직의 승리를 진정으로 바랐습니다. 팔레스타인의 승리를 꿈꾸며 이스라엘에 대한 대규모 공격이 1967년 봄에 일어났습니다. 1967년 5월 중순, 이집트는 약 십 만 명 가량의 병력을 이스라엘 남서쪽 국경 지역에 결집시켰고, 이스라엘을 들고 나는 선박들은 티란 해협에 접근할 수 없다고 공포하였습니다. 그 후, 이집트의 나세르 대통령은 이스라엘을 파괴시키겠다는 의도를 공식 선언했습니다.

"이에 대해 아랍인들은 기쁨과 흥분으로 하나가 되었으며, 아랍 군대는 모든 면에서 결집되었습니다. 5월 말, 이스라엘은 약 25만의 병력과 2천 대의 탱크, 700대의 전투기에 포위되었습니다. 제가 배치된 부대는 라트룬에 투입됐습니다. 라트룬은 텔 아비브와 예루살렘 사이의 고속도로 상에 위치하여, 이스라엘의 대동맥과 같은 역할을 할 뿐 아니라 아랍 군대가 텔 아비브로 가기 위해 지나야 하는 주요 통로이 기도 했습니다. 저는 이스라엘의 심장부인 예루살렘 서부와 텔 아비 브를 없애는 데 동참하고 싶었습니다. 라트룬은 그런 목적 달성을 위 한 최적의 장소였습니다.

"하지만 결국 일이 어떻게 되었는지는 다들 아실 겁니다. 아비는 그 일에 대해 여러분들보다 좀 더 빨리 알게 되었지만요. 1967년 6월 5 일 아침에, 이스라엘은 이집트의 비행기와 비행 기지에 갑작스런 선 제 공격을 감행하여 초토화시켰습니다. 뒤이어 요르단, 시리아 공군 을 격파하게 되자 저희를 보호해 줄 공군 병력은 모두 사라지게 되었 습니다. 저희는 즉시 이스라엘 지역으로 침투하라는 명령을 받았습니 다. 하지만 물자 공급 망이 곧 끊어졌고, 동쪽에서 방어해주던 산들은 이제 탈출을 가로막는 장벽이 되었습니다. 밤이 되기 전, 우리는 패배 하리라는 것을 알게 되었습니다. 요르단은 폭격을 멈추기로 했고, 전 쟁은 시작된 지 딱 6일 만에 이스라엘의 완승으로 끝났습니다. 제가 베들레헴 집으로 돌아갈 때, 요르단의 국경선은 요르단 강 동쪽으로 밀려나 있었습니다. 이스라엘이 웨스트 뱅크를 완전히 장악하게 된 것이었죠.

"그 뒤로 아랍 국민들의 자신감에 위기가 닥쳐왔습니다. 요르단 국 경선이 밀려나자 요르단 사람들도 팔레스타인 사람들처럼 씁쓸한 절 망감에 사로잡혔습니다. 파타 네트워크는 새로운 현실 속에서 다시 한 번 입지를 다지고자 노력했지만, 이미 희망과 함께 자신감을 잃어

버렸습니다. 어떤 전투가 남아 있건, 그 전투는 제가 바랬던 것 보다 훨씬 길 거라는 걸 알게 되었습니다. 그리고 저는 어떤 경우에도 더 이상 리더 역할을 맡지 못할 터였습니다. 그래서 다른 전쟁을 찾기 시작했습니다. 아랍 민족의 실패를 상기시키지 않는 전쟁을요. 그리고 저를 권력있는 자리에서 내몰고 우리의 커다란 기회를 빼앗아간 대상을 향해 미움을 갖기 시작했습니다."

유수프는 말을 멈추었다.

"그래서 무엇을 찾으신 겁니까? 어떤 전투로 눈을 돌리신 거죠?" 페티스가 물었다.

"처음에는 다른 아랍 국가들로 눈을 돌렸습니다. 이집트, 시리아, 이라크 같은 나라들이요. 내 자신의 논리에 맞출 수 있는 친아랍적인 무언가를 찾았습니다. 어떤 약속을 줄 수 있는 것을요. 이스라엘에 대항할 희망을 줄 수 있는 무언가를요."

"당신의 마음이 전쟁 중이었군요." 루가 장난스럽게 웃었다. "상자 안에 있었던 거네요."

"유수프도 루에게 미소를 지어 보였다. "맞아요. 정말 그랬어요. 당신이 들어가려고 유혹을 겪어왔던 어느 것보다도 더 크고 어두운 것이었죠."

"조심하세요. 저는 우월감 상자를 갖고 있거든요. 저보다 큰 상자를 갖고 있다고 저를 자극하지 마세요." 모두가 루의 말에 웃었다.

"결국 찾고 있던 것을 찾아내셨나요?" 웃음이 가라앉자 마침내 엘리자베스가 물었다.

"아랍 지역에서 몰두할 다른 전투를 찾으셨나요?"

"사실 저는 모든 곳에서 전투할 것을 찾았습니다. 하지만 그 어떤 것도 몰두할 가치는 없었습니다. 그것들은 대부분 내적인 전쟁이었으니까요. 전쟁의 몰살이 가져다 준 진공 상태에서 모두가 권력을 얻으려고 애쓰고 있었습니다. 저는 더 이상 그런 전투에서 주도 역할을 담당하지 못했습니다. 설령 제가 그랬다 하더라도 그 역할들이 주는 전망은 황량한 것이었습니다."

"그럼 무엇 때문에 미국에 오신 겁니까?" 페티스가 물었다.

"암살 때문에요." 유수프가 대답했다.

"암살이요?" 페티스가 움찔했다.

"네. 1963년 케네디 대통령 암살과 1965년 말콤 X의 암살이요. 그 두 사람의 죽음은 아랍 국가들에서 대서특필되었습니다. 미국은 아직 이스라엘의 동지가 아니었고, 저와 아랍 민족들은 미국을 다소 희망을 갖고 바라보게 되었습니다. 저는 고통을 겪는 흑인으로 제 자신을 간주했습니다. 말콤 X는 코란에 묘사되는 믿음을 가진 신실한 자로서 저의 관심을 끌었습니다. 그리고 마틴 루터 킹에 대해서도 조금 알고 있었습니다. 저는 미국에서 일어나는 혁명스러워 보이는 것에 관심을 갖게 되었고, 제대로 실행하지 못하는 제 자신의 혁명을 가지고서 서방을 다시 바라보게 되었습니다. 전쟁 이후 한 달 채 되지 않아 저는 미국으로 갈 계획을 세웠습니다. 가서 하버드나 예일에서 학위를 취득할 생각이었습니다. 사실 그 두 대학이 제가 아는 미국 대학의 전부였거든요. 한 달 뒤, 서류 제출을 마치고 암만에서 비행기를 타고 런

던으로 간 뒤, 다시 뉴욕으로 갔습니다. 그 곳에서 저는 예일대가 있는 코네티컷 주의 뉴 헤이븐으로 갔습니다. 저는 입학할 방법을 찾아야만 했습니다. 만약 입학하지 못하면, 보스톤에 있는 하버드로 갈 계획이었습니다.

"뉴 헤이븐에 도착한 지 일주일이 채 되지 않아 1967년 8월에 인종 폭동이 발발했습니다. 저는 1970년 악명 높은 '흑표범단' 재판 기간 동안에도 그곳에 있었습니다. 그리고 그 곳에 머무는 동안 제 자신과 다른 이들 그리고 세상을 보는 관점을 바꾸는 아이디어를 만나게 되었습니다. 철학 교수, 벤자민을 만나면서였죠. 그의 관점은 내 자신을 변화시키기 시작했습니다. 뉴 헤이븐 그린에서 우리는 군중을 향해 최루 가스를 쏘고있는 방패를 든 경찰에 의해 흑인 시위대가 구속되는 것을 보았습니다. 그린에 위치했던 세 개의 교회는 긴장과 폭력에 대한 흥미로운 배경을 만들었습니다. 저는 우리더러 떠나라는 기마 경찰의 경고를 무시하였습니다. 상당히 폭력적이긴 했지만, 그 때 소동은 제가 이미 익숙해져 있던 폭동에 비하면 아무것도 아니었습니다. 저는 그 광경을 흥미롭게 보고 있었습니다. 바로 그 때 어떤 흑인 한 명도 그 광경에 끌리고 있다는 것을 알게 되었습니다. 대부분은 백인이었던 구경꾼들 중에 끼어 있더군요. 저는 그를 호기심에 차서 바라보았습니다. 폭력 시위의 위험에도 불구하고, 그는 침착하게 서서 광경을 보고 있었습니다. 분노에 동참하거나 공포로 달아나지도 않으면서, 그의 표정은 매우 우려하는 모습이었습니다.

"저는 그 갈등에 대한 흑인의 시각을 듣기 위해 그에게로 조심스레

다가갔습니다. 즉, 억압된 팔레스타인 아랍인 같은 흑인의 관점을 알기 위해서요. 저는 파타의 기억을 떠올리며, 흑인들의 관점을 이해할 준비가 다 되어 있었다고 생각했습니다. '이곳에도 나의 파타 형제들과 비슷한 사람이 있구나' 하는 생각만 하고 있었어요. 만약 군중 들 중에 아랍인의 얼굴을 하나라도 발견했다면, 아마도 저는 최루 가스들 속으로 주저 않고 뛰어들어갔을 겁니다. 제가 그에게 다가가면서, 위로를 표하고 있었습니다.

"'억압받는 자들이 저항하고 있군요.' 저는 거의 무관심한 듯 말을 건넸습니다. 제 목소리는 그 상황과 전혀 어울리지 않게 무덤덤했었죠.

"'그렇소.' 눈 앞의 광경에 눈을 떼지 않고 벤이 말하더군요. '양쪽이 다 그래요.'

"'양쪽이요?' 저는 놀라움에 되물었습니다.

"'그래요.'

"'어떻게요?' 제가 반박했죠. '저는 한 쪽에서만 최루 가스를 쏘고 있는 것 같은데요.'

"'잘 살펴보면, 양쪽에서 최루 가스를 쏘고 싶어하는 열망을 볼 수 있을 거요.'

"저는 아직도 흥분한 관중들을 보면서 그가 한 말의 의미를 궁금해하며 실제 보이지도 않는 그런 열망을 어떻게 볼 수 있을까를 의아해했습니다.

"'어디서 오셨소?' 여전히 광경에서 눈을 떼지 않은 채 그가 물었습니다.

"팔레스타인 예루살렘에서요.' 제가 대답했죠.

"그는 아무 말도 안 하더군요.

"저는 다시 아수라장이 된 곳으로 몸을 돌렸습니다. ' 저 사람들의 감정을 알아요.' 제가 폭동자들을 향해 고개를 끄덕이며 말했습니다.

"'그럼 당신이 불쌍하군.'그가 말하더군요.

"저는 깜짝 놀랐습니다.

"'아니, 왜요?'

"'당신이 당신 자신의 적이 되었기 때문이오.' 그는 조용하지만 분명하게 말했습니다.

"'제가 저항하고 싶어해서요?' 나는 이의를 제기했죠. '저와 제 민족에게 행해진 잘못을 바로잡고 싶어서요?'

"그는 아무 말도 안 하더군요.

"'최루탄 가스를 원한다는 정당성이 있는 상황이라면 어떤가요?' 저는 그가 한 말에 항변했습니다.

"'바로 그렇네.' 그가 말했습니다.

"'그렇다고요? 그게 무슨 말이죠?' 저는 혼란스러워서 물었습니다.

"'당신은 당신 자신의 적이 되었다는 말이야.'

"그래서 그 때부터 벤 아리그 교수에게서 배우게 되었습니다." 유수프가 말을 이었다.

"어떻게 된 건가요?" 루가 물었다.

"3년 동안, 벤은 제가 진실이라고 믿었던 가정(assumptions)과 개인적인 편견들을 완전히 버리게끔 했습니다. 제가 유대인에 대해 가진 깊은 편견들 때문에 그는 인종차별주의가 또 하나의 상자라는 것을 가르치는 데 많은 시간을 할애했습니다. 그는 이렇게 말했습니다.

"만약 당신이 특정 인종이나 문화를 가진 사람들을 하나의 대상으로 보게 된다면, 당신은 인정차별적인 시각을 가진 사람이 되는 걸세." 그리고 그 논리는 경제적 지위, 학벌, 나이, 종교에 관계 없이 모든 이에게 적용된다는 걸 보여주었습니다.

"당신이 다른 이들을 '인간'으로 보기 시작할 때 인종, 민족, 종교등과 관련된 문제들은, 다르게 보이고 느껴지기 시작한다네. 결국 그들을 희망, 꿈, 공포, 당신이 가진 것과 닮은 정당화를 하는 같은 사람으로 볼 수 있게 되는 거지."라고 말하더군요.

"하지만 한 민족이 다른 민족을 억압하면요?"

"그럼 억압당한 쪽은 그들 스스로가 2차 억압자가 되지 않도록 조심해야 한다네. 그건 너무 빠지기 쉬운 함정이야. 과거에 받은 고통이 자신의 폭력적인 행동을 아주 쉽게 정당화 해 줄 때는 말이야."

"불의에 종지부를 찍으려 할 뿐인데 어떻게 억압받은 자들이 억압자가 될 수 있나요?" 제가 물었습니다.

"불의에 종지부를 찍으려는 자들은 대부분이 그들 스스로가 겪은 불의에 대해서만 생각하기 쉽네, 무슨 말이냐 하면 그들 스스로가 진실로 부당함에 대해 우려하는 게 아니라 자기 자신과 관련된 것을 우려하는 거란 얘길세. 그들은 외부적인 대의의 명분 뒤에 자신의 초점을 숨기기 마련이네.'"

이 말과 함께 유수프는 잠시 말을 멈추고, 사람들을 둘러보았다.

"자, 이제 페티스의 질문을 다시 짚어보겠습니다. 우리가 어떻게 우리 상황을 새롭게 생각할 수 있느냐는 질문이었죠."

"뉴 헤이븐 그린에서 그날 벤과 제가 목격했던 사람들은 다른 사람들의 짐보다 자신들의 짐을 더 우려하는 것으로 보였습니다. 제가 확실히는 모르겠지만 그들이 저항하고 있던 이들의 짐을 걱정한다거나 그들이 위험에 처해 있는 이들의 생명을 걱정하는 것 같아 보이지는 않았습니다. 만약 그들이 자신에 관해서 한 것처럼 다른 사람들에 대해 신중하게 생각하기 시작했다면 그들과 그들의 대의 명분은 잘 되었을 것입니다.

"만약 그들이 상자 밖에서 새로운 방법을 찾았더라면, 여러 일련의 질문들을 던지면서 상황을 새롭게 볼 수 있었을 것입니다."

칠판으로 걸어 간 뒤 그는 다음과 같은 질문을 적었다. "이런 질문들입니다."

이 사람 혹은 이 사람들의 어려움, 시련, 짐, 고통은 무엇인가?

내가 혹은 내가 속한 그룹이 이들의 어려움, 시련, 짐, 고통 등을 어떻게 가중시키고 있는가?

이 사람이나 이들 그룹을 무시하거나 잘못 대하지는 않았는가?

상자들이 어떻게 다른 이들과 나 자신에 대한 진실을 가리고 잠재적인 해결책을 가로막고 있는가?

이 사람 혹은 이 그룹에 대해 어떤 행동을 해야 한다고 느끼는가? 내가 상황을 개선하고, 돕기 위해 무엇을 더 할 수 있는가?

"벤의 도움으로 저는 이런 질문을 스스로에게 물어보았습니다. 제 상황을 새롭게 인식하고 성찰하는데 도움이 되는 질문들을요. 제 인생의 대부분을 저와 제 민족들의 어려움, 시련, 짐, 고통을 생각하는데 소비했던 것입니다. 그러나 이런 질문들을 하기 시작하면서, 저를 향한 세상이 변하기 시작했습니다. 저는 여전히 저의 고통을 알고 있었지만, 다른 이들의 고통 또한 알 수 있었습니다. 그리고 밝은 빛 속에서 보면, 제 고통이 새로운 의미를 갖고 있었습니다. 다른 사람들도 역시 느끼고 있을, 그리고 제 자신도 느끼고 있는 고통을 보여주는 창문을 열어준 것이었습니다. 더 이상은 정당화를 느낄 필요도, 제 자신의 고통을 유지시킬 필요도 없었기에 저는 스스로 피해자, 희생자라는 생각을 내려놓을 수 있었습니다. 더 이상 이런 생각과 감정 뒤에 숨어 있을 필요가 없습니다. 이 전에는 아주 희미하게만 느꼈던 다른 이들을 향한 감정과 열망을 갖기 시작하면서, 상자 안에 갇힌 사람들은 결코 볼 수 없는 새로운 해결책과 가능성을 보기 시작했습니다. 이 전에는 분노나 절망으로 느꼈던 감정 대신 희망을 느끼기 시작한 것이었습니다."

유수프는 사람들을 다시 둘러보았다. 이제는 모든 사람들이 깊은 생각과 회상에 잠겨 있었다. 루는 어느 누구도 아닌 바로 세 사람, 캐롤, 코리, 케이트를 생각하고 있었다. 그는 마음 속에서 깨어나는 새로운 열망을 느끼고 있었다. 그가 코리에 관해 이전에 가졌던 분노에 찬 생각 위에서 생겨난 새로운 바람이었다. 그는 아들을 알고 싶다는 열망을 느꼈다. 아들에게 사과하고, 감정을 공유하고, 단순히 이야기를 하고픈 마음에 그에게 편지를 쓰고 싶다는 강한 열망을 느끼고 있었다. 만약 유수프의 강의를 듣는 상황이 아니었다면, 루는 당장 그 순간에 코리에게 편지를 쓸 것 같았다. 하지만 루는 그 날 저녁 편지를 쓰기로 마음을 굳혔고, 이곳 캠프 모리아에 편지를 놔두어서 배달부가 황야에 있는 아들에게 편지를 전달하도록 해야겠다고 생각했다.

그리고 나자 이제 케이트에 대한 생각이 들었다. '케이트를 그렇게 대하는 게 아니었는데. 내 어리석은 생각 때문에 그녀가 팀을 어떻게 운영하는 지는 들어주지 않고 케이트 일에 끼어들고 통제하려고 했으니. 어떻게 케이트를 다시 데려오지? 그래. 그게 문제가 아니야. 문제는 그녀를 꼭 다시 데려와야만 한다는 거야.' 루는 속으로 결심을 굳혔다. '케이트, 나는 너를 다시 얻을 거야.'

루는 이제 자연스레 캐롤을 생각하고 있었다. 오래 전 그녀의 마음을 얻었지만 수년 동안 잊고 살아왔던 그녀를 생각하며 살며시 캐롤의 손을 잡았다. '다시는 이 사실을 잊지 않을 거야.' 하지만 그는 곧 그의 이런 생각이 얼마나 순진한 지 깨달았다. 물론 그럴 만도 했다. 유수프가 겪은 것처럼, 그의 상자가 아직도 그의 마음에 강하게 자리 잡고 있었던 것이다.

루는 그 순간, 아침에 캐롤에게 그럭저럭 몇마디 했던 말보다는 훨씬 더 해줄 말이 많음을 알고 있었다. 좋은 의도로 한 단순한 몇 마디의 말로는 루가 수 십 년간 보여준 고집과 캐롤에게 준 오만의 상처를 치유할 순 없었다. '캐롤이 필요로 하는 건 뭐든 다 해줄 거야.'

그는 스스로 속으로 다짐했다. '하지만, 넌 그렇게 안 할걸.' 속에서 다른 목소리가 들려왔다. '집으로 돌아가게 되면 일하기 위해 네 자신을 다시 최고로 여길 거야. 그리고 캐롤도 예전처럼 편안한 가정 주부로 집안과 애들을 돌보게 되겠지.' 또 다른 목소리가 들려왔다.

아니, 나는 그렇게 할 수 없어! 루는 스스로의 그런 생각에 소리를 질렀다.

"너무 늦기 전에 내가 소홀히 여긴 사람들과의 상황을 어떻게 변화시킬 수 있죠?" 루가 다급한 목소리로 물었다. "그리고 내가 어떻게 그 변화를 계속 유지시킬 수 있을까요?"

유수프가 미소를 지었다. "벤 아리그가 나에게 가르쳐 준 아이디어, 특히 그의 자유연상(liberating) 질문은 당신이 상자 밖의 장소로 나가는 길을 찾고 진심으로 그것에 대해 질문 할 수 있다면 모든 것을 변화시킬 수 있을 것입니다. 우리가 여기서 함께 하나의 장소를 찾았듯이, 직장에서, 가정에서 당신이 상자 안에 있다고 느낄 때마다, 당신은 다시 상자 밖의 공간과 장소를 찾아야만 합니다. 그러면 당신은 점차 응답적으로 호기심을 갖게 될 것입니다. 다른 이들(상대방)에 관한 질문은 자기 정당화와 비난하는 생각과 감정으로부터 당신을 자유롭게 할 것입니다. 한 동안 당신은 세상과 사람들을 명확히 보고 느낄 수 있을 것이며, 예전에는 보지 못했던 것들을 보고 새로운 길을 발견하게 될 것입니다. 그것은 여기 당신에게 이미 어느 정도 일어난 일입니다. 안 그런가요?"

루는 천천히 고개를 끄덕였다.

"당신이 자유로운 상태로 남아 있건 아니건, 또 루가 어느 정도로 그렇게 할 수 있는가 하는 것은 다음 단계에 일어나는 일에 달려있습니다."

"그게 어떤 겁니까?" 루가 물었다.

"상자 밖에 나오는 과정에서 절정의 단계입니다."

| 제4부 |

평화에
이르는 길

사랑에 대하여 배워야 할 것이 있다고 생각하는 사람은 거의 없다.

우리는 사랑을 사랑하는 문제로 파악하기보다는

사랑받는 문제로 생각하고 있다

_ 에릭 프롬

21

●

평화를
실천하기

루는 유수프의 말을 기다렸다. "그럼 그 단계는 어떤 겁니까?"

루의 질문에 답을 하는 대신 유수프는 니콜에게 말을 걸었다.

"니콜, 아버님이 가장 좋아하던 단어가 어떤 것이었는지 기억나세요?"

"그럼요, 똑똑히 기억하고 있죠." 니콜이 싱긋 웃으며 대답했다.

"니콜 아버지가 지금 얘기하는 것과 대체 무슨 상관이 있습니까?" 루가 참지 못하고 물었다.

"음, 사실 니콜 아버지는 제가 얘기하는 내용의 모든 것입니다."

"왜 그렇죠?"

"니콜은 바로 벤 아리그 교수의 딸입니다."

루는 귀신을 보았다 해도 그보다는 놀랄 것 같지 않았다. 루 뿐만 아니라 여기 저기서 놀란 사람들이 입이 떡 벌어졌다.

"너무 감동하시네요." 니콜이 아무 말없이 눈을 둥그렇게 뜨고 자신을 빤히 보는 사람들에게 웃으며 말했다.

"때로 자식들은 부모의 말을 전혀 귀담아 듣지 않을 때가 있잖아요." 그녀는 스스로에게 속삭이듯 말했다. 사람들은 그녀의 말이 옳다는 듯 고개를 끄덕거렸다.

"저는 수년 동안 아버지 말씀에 전혀 귀를 기울이지 않았어요. 아버지께서 제 생각이 틀렸다고 저를 설득하려 하실 때마다, '아버지의 철학을 제게 강요하지 마세요!'라고 말하곤 했어요. 아버지는 제가 전 남편에게 갖는 미움을 버리고, 제 여동생이 저지른 잘못을 용서하고, 인종에 대한 제 편견을 고쳐야 한다고 생각하셨거든요. 하지만 결국 아버지는 아버지일 뿐, 제 기분에 대해서 뭘 아셨겠어요?"

니콜은 잠시 말을 멈추었다. 그녀가 속 마음을 솔직히 털어놓고 있는 순간이어서, 아무도 감히 입을 열지 않았다. 그녀는 다시 속삭이듯 낮은 목소리로 말했다.

"제가 이 곳에 온 이유는 아버지께서 돌아가실 때 제가 이곳에 오기를 소망하셨기 때문이에요."

루가 침묵을 깼다. "언제 돌아가신 겁니까?"

"6개월 전에요. 길을 건너시다 음주 운전자가 모는 차에 치이셨어요. 사고 바로 다음 날 아침에 돌아가셨죠."

"너무 끔찍하네요. 상상하기가 힘들어요." 캐롤이 진심 어린 목소리로 말했다. 엘리자베스는 위로의 표시로 니콜을 가만히 안아 주며 말했다. "정말 유감이에요, 니콜." 미구엘도 묵직한 목소리로 니콜을 위로해 주었고, 리아는 슬프다는 듯 머리를 가만히 젓고 있었다.

"아버지 죽음에 관한 아이러니는 정말 감당하기 힘들었어요. 아버지는 일생 동안 다른 사람들이 자신들이 받은 부당한 대우로 인해 마음 속에 간직하는 불평 불만을 털어내도록 도와주셨어요. 그런데 그런 아버지께서 만취한 운전자 때문에 돌아가신 거예요! 아버지는 그런 훌륭한 생각을 갖고도 그런 어처구니 없는 자신의 죽음으로부터 스스로를 구하지 못했던 거예요."

"맞습니다, 니콜." 유수프가 동의했다. "어느 누구도 그렇게 할 수 없습니다. 이 세상에 일어나는 모든 부당한 대우를 피할 수 있는 방법은 없습니다. 아버님은 그 점을 강조하신 게 아니었습니다. 하지만 부당한 대우가 우리 자신의 평화를 깨뜨리지 않게끔 할 방법은 있습니다. 심지어 이것처럼 감당하기 어려운 부당함 조차."

유수프는 니콜을 바라보았다. "힘드시면 잠시 휴식 시간을 가질까요?" 니콜은 머리를 흔들었다. "전 괜찮아요." 그런 뒤 그녀는 고개를 들어 유수프와 아비를 바라보았다. "아버님께서 어떤 말씀을 하셨는지 알게 해주셔서 고마워요. 제가 생각해봐야 할 것들을 많이 알려주셨네요." 시간이 잠시 흐른 뒤 니콜은 갑자기 생각난 듯 방안을 둘러보며 말했다.

"맞아요, 아버지께서 매우 좋아하셨던 단어는 실행이었어요."

"실제로 행하는 것?" 루가 물었다.

"네."

"왜요?"

"전 잘 모르지만, 유수프는 알 것 같네요."

"네, 제가 그 이유를 알아요." 유수프가 대꾸했다.

"물론 니콜 아버님께서는 상자 밖 장소를 발견함으로써 상자에서 나오신 뒤, 상황을 새롭게 보았습니다. 상자 밖에서 자유로운 관계를 지속하기 위해, 한 가지 방법을 실행해야 했습니다. 즉, 자신이 무언가를 행해야만 한다는 것이었습니다."

"무엇을 하는 거죠?" 루가 물었다.

"그건 오직 그 자신만이 아는 것입니다."

유수프가 대답했다. 루는 그 대답이 전혀 마음에 들지 않았다.

"그런 대답은 별 도움이 안 되는군요. 안 그래요? 이런 말해서 미안하지만 그런 대답은 영 별로인데요. 좀 더 자세히 얘기해주세요."

"당연히 그러시겠죠. 하지만 벤 교수는 너무나 현명하였기 때문에 나 자신이 가장 필요로 하는 걸 다른 어느 누가 줄 수는 없다는 걸 알고 계셨습니다. 루가 보기에 별 도움이 안 되는 것이 실은 가장 도움이 되는 충고인 것입니다. 아비가 어떻게 하여 하미쉬에게 편지를 쓰고 싶다는 열망을 가졌는지 기억합니까?"

"네."

"그런 뒤 그는 그 열망을 실행에 옮겼죠?"

루는 고개를 끄덕였다. "그리고 또 제가 모데카이를 찾고 싶다는 열망을 가졌던 것도 기억하십니까?"

루는 또다시 고개를 끄덕였다.

"저는 아비가 그랬듯, 제 열망을 실행에 옮겼습니다. 그렇지요?"

루는 유수프가 결국 뭐라고 말할 지 짐작하기가 어려웠다.

"그리고 메이리와 마이크는 신발을 벗겠다는 생각을 실행에 옮겼죠? 그리고 어제 캐롤도 모든 사람들 앞에서 미구엘에게 사과를 했습니다. 그렇죠?"

"네." 루는 이제 자신 없는 듯 가느다란 목소리로 대답하고 있었다.

"캐롤은 사과해야 한다고 생각했을 뿐만 아니라 실제로 사과를 했습니다."

루는 고개를 끄덕였다. 유수프는 루를 똑바로 바라보았다.

"루, 당신에 관한 추측을 하나 해보죠. 괜찮겠어요?"

"괜찮아요." 루는 만약 어제 그런 질문을 받았더라면 자신의 반응은 냉소적이고 공격적이었을 거라는 생각이 들었다.

"제 생각에는 우리가 이 곳에 함께 있는 동안, 루의 마음 속에도 역시 몇 개의 열망이 일깨워졌을 것 같군요. 무언가 하고 싶다는 열망, 코리나 캐롤, 혹은 직장 내 누군가를 위해 무언가를 실행하겠다는 열망요. 제 말이 맞나요?"

"네, 그런 열망을 느끼고 있었어요." 루가 대답했다.

코리에게 편지를 쓰고 싶고, 케이트에게 사과를 하여 그녀가 다시 재그럼 회사로 돌아오도록 하고 싶다는 열망이 루의 마음에 사실 생겨났던 것이다. 물론 캐롤에게 다른 모습을 보이고 싶다는 열망과 둘의 관계를 망치지 않기 위해 상자들로부터 멀리 떨어지도록 무엇을 해야 할 지 알아낼 필요가 있다는 깨달음도 함께 마음 속에 떠올랐다.

유수프는 잠시 말을 멈추었다. "우리가 다른 사람들에 대한 감수성을 회복할 때, 우리는 그 의식(意識)을 행동으로 옮겨야 합니다. 그래서 실행이란 말을 벤이 가장 좋아했습니다. 우리가 그런 의식을 배반할 것이 아니라 존중해야 합니다. 루, 당신이 새로운 관계를 위해 상자 밖에서 계속 머무르기 위해서는 다른 사람을 위해 당신이 해야 한다고 느끼고 있는 것을 실제 행동으로 옮겨야만 합니다."

이 말과 함께 유수프는 칠판에 네 번째 요소를 적었다.

· 내적 명료성과 평화 되찾기 ·

상자 밖으로 나가기

1. 상자의 징조들을 찾으라.
(비난, 정당화, 다른 사람을 나쁘게 만들기. 일반적인 상자 유형 등)

2. 상자 밖 장소를 찾으라
(나를 자유롭게 하는 관계, 좋은 추억과 활동, 장소 등)

3. 상황을 새롭게 보라. (상자 밖에서 새로운 관점) 그리고 물어보라.

상자 밖에 머물기

내가 발견한 것을 실행하라; 내가 해야 한다고 느끼고 있는 것을 행하라.

"하지만 우리 주변에서 일어나는 전쟁들은 어떡하죠? 우리가 마음 속에 평화를 찾는다고 해서 그런 전쟁들은 해결되지 않잖아요."

루의 질문에 유수프는 미소를 지으며 대답했다. "그건 다른 것에 달려있습니다."

"그게 뭐죠?" 루가 물었다.

"갈등의 본질에 달려있습니다. 당신과 다른 사람 사이에 갈등이 발생 할 때, 자신의 내면 속의 전쟁에 대한 해결책이 얼마나 다른 이들과의 외부 전쟁도 깨끗이 해결 할 수 있는지를 알면 놀라실 겁니다."

유수프의 눈길이 계속 루를 바라보았다. "당신과 니콜에 대해 생각해보세요. 어제는 니콜 때문에 몇 번이고 앉아 있는 의자를 때려 부술 뻔 하지 않았나요. 하지만 지금은 어떤가요?"

루는 니콜과 눈이 마주치자 후크 선장의 위협적인 갈고리처럼 손가락을 동그랗게 구부렸다. 이 모습을 보고 모두가 웃었다.

"하지만 다른 종류의 갈등은 어떻습니까?' 페티스가 물었다.

"예를 들면 오랜 세월을 두고 생겼거나 많은 사람들 사이에 생긴 갈등은요? 평화를 향한 한 사람의 마음 만으로는 결코 그런 갈등을 풀지 못합니다."

"그렇죠. 페티스 말이 맞습니다. 그렇게 못하죠. 하지만 그 평화를 향한 한 사람의 마음이 어떤 역할을 할 지 한 번 보세요.

당신이 상자 밖에 있다는 것은 처음으로 상황을 과장하거나 정당화 없이 현실을 명확하게 볼 수 있는 첫 번째 기회를 줄 것입니다. 그 마음은 당신이 전쟁을 향해 자극을 하는 대신 평화를 향해 영향을 줄 수 있게끔 해 줄 것입니다. 평화를 향한 마음 하나로 복잡한 외부 문제를 해결할 수 없다는 말은 맞지만, 평화를 향한 마음 없이는 외부 문제들은 결코 풀릴 수가 없는 것입니다."

"그 다음엔 또 뭔가요?" 엘리자베스가 물었다.

"어제 당신은 우리가 다른 사람들이 변화하도록 돕는 전략을 갖게 될 것이라고 하셨잖아요.

우리에게 보여준 방식으로 우리 자신을 변화시키는 것이 필요한 첫걸음이라고 생각합니다.

"그 다음은요?"

"그 다음은 일이 올바로 돌아가도록 도와야 합니다." 유수프가 대답했다.

"어떻게요?"

"우리가 당신과 함께 행해왔던 것을 실천함으로써요."

"제말이 무슨 뜻인지 설명드리겠습니다."

22

평화를 위한
전략

"어제 제가 칠판에 피라미드를 그리고 가운데 선 하나를 그어서 두 단계로 나누었던 것을 기억하시나요? 위 단계에서는 '결실을 맺지 못하는 방식으로 다루기'라 적었고, 보다 아래 단계에서는 '결실을 맺는 방식으로 지원하기'라고 적었습니다. 기억나세요?"

모두가 고개를 끄덕거렸다.

"그럼 우리가 결실을 맺지 못하는 방식으로 일을 하는데 대부분의 시간을 쓴다고 말씀드린 것도 기억하시겠군요."

다시 모두가 고개를 끄덕였다.

"피라미드에 관해 좀 더 설명을 드리겠습니다. 피라미드는 이 곳 캠프 모리아에서 학생과 직원들, 그리고 여러분과 저희가 함께하는 모든 것을 관리하는 구조를 나타냅니다. 평화를 찾는 방법뿐만 아니라 평화를 만드는 방법까지 보여주죠. 또 어떤 방법으로 갈등을 협력으로 바꿀 수 있는지도 보여줍니다.

그 말을 한 뒤 유수프는 칠판으로 몸을 돌려 어제 그린 것과 비슷한 피라미드를 하나 그렸다. 어제처럼, 그는 피라미드를 두 개로 나누고 한 칸에는 '결실을 맺지 못하는 방식으로 다루기'라고 또 아래 칸에는 '결실을 맺는 방식으로 지원하기'라고 적었다. 그런 후 다시 피라미드를 여섯 칸으로 나누었고 맨 위 칸에는 '바로잡기(correct)'라고 적었다.

●● **영향력 피라미드**

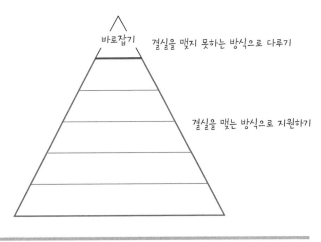

분필을 내려 놓은 뒤 유수프가 말했다. "우리 자녀들이건 직장 내 같은 팀원이건, 혹은 어떤 지역이건, 다른 누군가가 변화할 수 있도록

영향을 주려 할 때, 우리는 먼저 그들의 잘못을 바로잡으려는 행동을 하는 경향이 있습니다. 그렇죠? 일단 상대방이 변하면 상황은 더 나아질 거라고 믿기 때문이죠. 맞나요?"

"그렇죠." 모두가 대답했다.

"하지만 그게 잘못된 거란 얘기시죠?" 리아가 물었다. "상대방이 먼저 변할 필요가 있다고 생각하는 게 벌써 문제잖아요. 그렇죠?"

유수프는 미소 지으며 리아에게 물었다. "그럼 아드님이 변하기를 바라는 마음이 문제라고 생각하십니까?" 유수프가 리아에게 물었다.

리아는 미간에 주름을 잡았다. "아뇨, 꼭 그렇지는 않아요."

"아들 녀석이 변화되지 않는 채 살아간다면, 그 애 인생은 엉망이 될 거요." 미구엘이 묵직한 목소리로 말했다.

유수프는 고개를 끄덕였다. "그럼 다른 이들이 변화되기를 바라는 게 문제라고 쉽게 단정지을 수는 없는 거로군요. 그렇죠?" 유수프가 물었다.

"그런 것 같기는 하네요." 의아해하며 리아가 대답했다.

"사실 문제는 상대방과 마찬가지로 자신도 변해야 하는 데, 사람들은 자신을 변화시키는 데는 관심도 두지 않으면서 먼저 다른 이들이 변해야 한다고 믿는 겁니다. 이런 생각이 바로 문제입니다."

"맞아요. 자신은 상자 안에 있으면서 상대방이 변화하도록 도울 수는 없는 거잖아요." 페티스가 말했다.

"그렇죠. 그리고 또 하나 문제가 있습니다. 나 자신이 상자 안에 있으면서 상대방을 보게 되면, 그들이 먼저 바뀔 필요가 있다고 생각하는 내 믿음은 사실 틀린 것일 수 있습니다. 예를 들면 제 아내는 제가 생각하는 것만큼 그렇게 논리적이지 못한 사람은 아닐 수 있습니다. 혹은 제가 제 아들의 잘못에 대해 실제보다 더 지나치게 과하게 반응하는 것일 수도 있는 거죠. 그리고 직장에서는 사실 다른 팀이 몇가지 올바르게 일하는 것일 수도 있습니다. 그래서 내 스스로가 상자 밖으로 나와 새로운 시각으로 사람들을 보지 않으면 어떤 변화가 실제로 자신에게 도움이 되는지 알 수가 없는 겁니다. 나의 어떤 변화가 진정으로 다른 사람에게 도움이 되는지도 알기 어렵습니다.

"지난 이틀 동안 우리는 결실을 맺는 방식으로 지원하기에 있어 가장 중요한 것은 우리 스스로가 먼저 상자 밖으로 나오는 것이라는 사실을 확인했습니다."

이 말을 한 뒤 유수프는 칠판으로 다가가 피라미드의 가장 아래 칸에 '상자 밖으로 나가기/평화를 향한 마음 갖기'를 적었다.

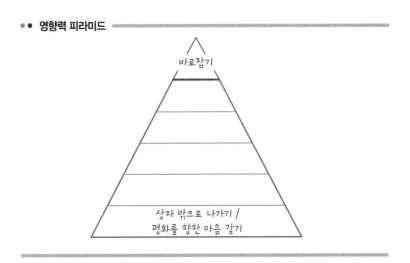

●● **영향력 피라미드**

바로잡기

상자 밖으로 나가기 /
평화를 향한 마음 갖기

그리고 사람들이 변화할 수 있도록 초대하기 위해 우리가 행했던 모든 것은 피라미드 중간에 있는 내용으로 구체화됩니다."

"하지만 아무 것도 안 적혀 있는데요." 루가 반은 농담조로 말했다.

"제가 하나씩 말씀드릴 터이니, 그 내용에 따라 칸을 하나씩 채워봅시다." 유수프가 미소 지었다.

"예를 들어, 루가 자신의 어떤 점을 바꿀 필요를 느꼈다고 칩시다."

"예를 들어 그렇다는 말씀이라면 괜찮아요." 루가 농담조로 말했다.

"그럼 이제 잘못을 바로잡는 행동 자체만으로는 다른 이들을 변화시키기 어렵다는 것을 아셨을 겁니다. 나 자신이 상자 밖에 있다면 다른 이의 잘못을 바로잡으려는 행동은 도움이 될 수 있습니다. 하지만 그렇다 해도 상자 밖에 있는 것만으로는 충분치 않아요. 그럼 어떤 행동이 도움이 될까요? 이제부터 피라미드의 중간 네 칸에 적을 행동들은 여러분들이 평화를 향한 마음으로 행하기만 한다면 여러분 마음속에 변화와 평화를 아주 강력하게 만들어 낼 수 있습니다.

"첫 번째 행동은 바로 우리가 지난 이틀 동안 했던 행동입니다. 바로 '가르치는 것'입니다."

이 말과 함께 유수프는 '가르치기 & 대화하기'를 피라미드의 '바로잡기' 칸 밑에 적었다.

"상자가 무언지도 모르는 사람더러 상자 밖으로 나오라고 무작정 말하는 건 아무 의미가 없습니다. 이처럼 직장에서도 내가 바로 잡으려 하는 사람들이 스스로의 어떤 점을 바꾸어야 할 지 모르고 있다면, 단순히 그들을 바로잡으려는 행동은 소용이 없는 겁니다. 이건 세상

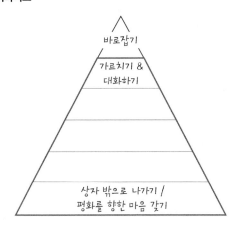

모든 일에도 적용되는 원리입니다. 만약 우리 국가가 어떤 행동을 취하려는 데, 그 행동을 왜 취하는지 이유를 제대로 분명하고 설득력 있게 대화하지 않으면, 다른 국가들이 우리나라의 행동에 대해 반발할 것입니다. 상황이 어찌 되었건, 제가 가르치는 일을 제대로 못하면, 제가 바로 잡으려는 일도 제대로 못하게 되는 겁니다.

유수프는 '듣기와 배우기'를 피라미드 세 번째 칸에 적고서, 다시 사람들을 바라보며 말했다. "지난 이틀 내내 저희들은 여러분들이 하는 말을 귀담아 들으려고 노력했습니다. 그리고 여러분들이 고민하는 것들에 대해 이런 저런 이야기를 나누었습니다.

아비가 유수프의 말을 이어 받았다.

"배우기에 관해 하나 아셔야 할 중요한 것은, 배움은 우리가 맞다고 확고히 믿고 있는 우리의 시각과 의견이 혹시 틀렸을지도 모른다고 우리 자신에게 끊임없이 생각하게끔 만들어 준다는 것입니다.

예를 들면 내가 회사에서 주장하는 업무가 사실은 썩 좋은 생각이 아닐 수도 있습니다. 내 생각에 옳다고 믿는 자녀 교육 방법이 오히려 자녀에게 상처를 입힐 수도 있습니다. 우리가 상대방에 대하여 배우기는 계속 우리 자신에 대해 겸손한 사람이 되게끔 만듭니다. 배우기는 우리가 가진 시각과 의견을 끊임없이 갈고 닦도록 만들어주는 것입니다."

"그리고 이런 사실은 세상 모든 일들에 적용할 수 있습니다." 유수프가 덧붙였다. "만약 한 국가의 대통령이 대화를 시도하려는 사람들에 대해서 적극적으로 알려고 하지 않는다면, 그 대화가 제대로 이루어질까요? 예를 들어, 우리가 중동 지역 사람들이 변하기를 바라지만, 그곳에 사는 사람들의 생각과 의견을 무시한다면, 우리가 그들이 변하게끔 만들 수 있을까요? 우리가 배우기에 인색한 사람들이라면, 우리가 가르치는 내용 또한 별 쓸모가 없게 되는 겁니다. 이 피라미드의 한 단계에서의 실패는 항상 그 위의 각 단계의 성공을 저해합니다."

다이어그램을 가리키며 아비가 말을 이었다.

"우리는 두 가지 수준을 더 고려해야 합니다. 여러분들이 보기에 나의 의지 또는 다른 사람들로부터 배울 수 있는 능력을 약화시킬 수 있으며, 나의 가르침의 효과성을 약화시킬 수 있게 만드는 것은 무엇이라고 생각합니까?

아무도 그 말에 즉각 대답하지 못했다.

"이건 어떨까요?" 아비가 네 번째 칸에 '관계 형성'를 적으며 물었다.

"저를 위해 일하는 직원들과의 관계가 나쁘다면 어떻게 되겠습니까? 어떤 것이 그들에 관해 배우려는 나의 의지를 가로막고 제가 가르치는 내용을 쓸모없게 할까요?"

루의 마음에 존 렌처가 떠올랐다. 아비의 얘기를 듣는 동안 렌처와의 불화가 노조 문제를 더 어렵게 만들고 있다는 걸 이제 분명히 알게 되었다.

"이 곳에 데리고 온 여러분 자녀와의 관계는 어떨까요? 그 관계가 건강하고 돈독하다고 말할 수 있을까요?"

아비의 질문에 사람들의 어깨가 자신 없이 축 쳐졌다.

"만약 아니라면, 여러분들은 아마도 여러분 자녀에 대해 잘 모르고 있는 겁니다. 별로 아는 게 없다는 말입니다. 즉, 여러분들이 자녀에 대해 알려고 하지도 않음으로써, 자녀를 가르치고 바로잡으려는 노력

●● **영향력 피라미드**

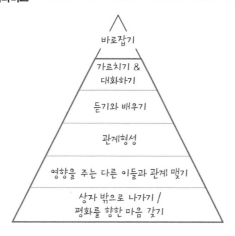

바로잡기

가르치기 &
대화하기

듣기와 배우기

관계형성

영향을 주는 다른 이들과 관계 맺기

상자 밖으로 나가기 /
평화를 향한 마음 갖기

도 점차 시들해지는 겁니다. 아마도 여러분들은 자녀와 돈독한 관계를 맺는 방법을 배워야 할 겁니다. 자녀가 가진 문제는 잠시 접어두세요. 여러분들의 아들이나 딸이 무얼 좋아하는지, 그 애가 좋아하는 걸 하면서 시간을 보내실 수 있는지에 대해 스스로 질문해 보세요. 자녀와의 관계를 돈독히 하기 위해 여러분들은 어떤 행동을 취할 수 있습니까?"

루는 회상에 잠겨 앉아 있었다. 그와 코리는 수년 동안 마음을 열지 않고 있었다. 오래 전 루는 코리와 종종 골프를 치곤 했지만, 이제는 코리가 무엇을 원하고, 희망하고, 꿈꾸는 지 도무지 알 수 없었다. 루는 심지어 코리가 뭘 하는 것을 좋아하는 지도 확실히 몰랐다. 그는 단지 자식들 중에 어느 누구도 마약 중독자는 되지 않을 거라고만 생각했다. 코리에게 문제가 생긴 후, 루가 코리를 바로 잡으려 하고 가르치려 한 행동들은 아주 약간의 효과만 있었다. 그리고 이제서야 왜 그런 행동들이 효과가 없었는지에 대한 두 가지 정도의 이유를 깨달을 수 있었다. 그는 코리에 대해 알아야 할 게 없다고 너무 자신하면서, 코리와의 관계를 돈독히 할 노력을 전혀 하지 않았던 것이다.

루는 머리를 저으며 중얼거렸다. "정말 불쌍하군."

"네?" 유수프가 물었다. "뭐가 불쌍하죠?"

"제가 이제껏 했던 행동들이요. 코리와 사이를 좋게 하기 위해 좀 더 노력을 했어야만 했는데도, 지난 몇 년간 그래야겠다는 생각조차 안 하고 살았어요. 마치 상자가 제 시야와 의식을 멍하게 한 것 같네요."

"당연한 생각입니다. 이걸 한 번 생각해보세요. 만약 내 자신의 생각이 맞다고 확신하고 있다면, 당연히 내가 뭘 잘못하고 있는지는 알기가 어렵습니다. 우리가 다른 사람에 대하여 어떤 확신을 갖게 될때, 사실은 그때가 가장 위험한 순간입니다. 그럴 경우 우리는 뒤로 물러나 다른 가능성이 있을 것이라는 생각을 염두에 두어야 합니다. 여러 다른 사람들을 만나면서 서로 다른 시각을 공유해 볼 수도 있습니다. 그러나 한편으로 그렇게 하는 것이 싫을 때도 있고, 그냥 상자 안에 있는 것이 편하다고 아무것도 안하고 정당화 시킬 수도 있겠죠. 하지만 그런 마음과 태도가 우리에게서 변화의 모든 가능성을 막아버리게 됩니다. 아주 명백한 가능성까지도요."

루는 유감스러운 듯 머리를 저었다.

"남은 마지막 칸은 뭔가요?" 페티스가 물었다.

"바로 여러분들입니다. 여러분 자신도 어느 정도의 역할을 하니까요. 이 곳 캠프 모리아에서 자녀들에 대해 생각할 때, 여러분들은 그 칸을 채우게 되는 겁니다. 왜냐하면 피라미드의 이 단계에서는 우리가 도우려고 하는 사람들이나 집단에 영향을 미치는 다른 이들과 관계를 맺는 것이 필요합니다. 다시 말해, 여러분들은 여러분 자녀들의 인생에 가장 큰 영향을 미치고 있기 때문에, 그 아이들에게 긍정적인 변화를 주기 위해서는 우리는 여러분들과 강한 유대 관계를 맺어야만 합니다. 이 피라미드는 부모들에게 같은 사실을 계속 상기시켜 줍니다. 바로 아이들에게 영향을 주는 사람들과 관계를 쌓을 필요가 있다는 사실을요. 일단 배우자가 있겠죠. 아니면 전 배우자가 있을 수도 있겠고요."

"좀 더 깊이 있는 질문을 하겠습니다. 따님과 얼마나 돈독한 관계를 맺고 계십니까? 두 사람 사이가 돈독할수록, 따님은 페티스가 친구들에 대해 말하는 평을 더 기꺼이 들어줄 것입니다. 페티스, 따님과 돈독한 관계를 맺기 위해 시간을 쓰셨습니까? 그리고 따님에게 영향을 주는 다른 사람들과는 어떤 관계를 형성하고 계십니까?"

유수프는 깊은 생각에 잠겨 있는 페티스를 바라보았다.

"이런 속담이 있죠. '내 적의 적은 내 친구이다.' 이 말은 상자의 산수 공식입니다. 수학 문제를 풀 듯 방정식에서 상자를 빼기 하면 아마도 당신과 따님은 함께 새로운 답을 찾게 될 겁니다."

그런 뒤 그는 방을 둘러보며 말했다.

"사실, 우리 모두가 새로운 답을 발견할 수 있습니다. 만약 우리가 상자 밖으로 나오게 된다면, 영향력 피라미드가 모든 관계, 가정에서나 직장에서 그리고 생활 속에서의 관계의 방향을 안내해 줍니다. 우리의 마음과 생각을 명료하게 유지하는 가운데, 우리가 어떤 행동을 해야 할 지 알려줄 것입니다. 그것은 모든 상황에서 우리의 선한 영향력을 개선 시킬 것 입니다. 심지어 아주 어려운 상황에 놓여 있을지라도 그렇습니다.

23

평화를 향한 인간의 마음

유수프가 나지막한 목소리로 말하기 시작했다.

"어제 말씀 드린 것처럼 모리아 산은 예루살렘에 있습니다. 바위의 돔으로 알려진 이슬람 성지로 칭송되는 장소죠. 말할 것도 없이 이곳은 세계에서 가장 성스러운 땅으로 여겨지고 있습니다. 이슬람인들은 이곳을 그들의 가장 성스러운 지역 중 하나로 여기고 있고, 유대인들과 기독교인들은 이 곳을 옛 시절의 성전으로 기억하고 있습니다. 또 어떤 이들은 이 곳에 언젠가 새로운 성전이 지어질 것이라 믿고 있습니다. 세계의 눈과 마음이 집중된 곳이 바로 모리아 산이라 말씀드릴 수 있습니다.

이러한 이유로, 모리아 산은 갈등과 가능성, 둘 다를 나타내는 일종의 상징이라 일컬을 수 있습니다. 아마 한 쪽은 천 년 동안 그 땅은 자신들이 성지였다고 주장할 것이고, 다른 쪽은 신이 자신들에게 그 땅을 주셨다고 말할 것입니다. 이렇게 팽팽한 시각의 차이 속에서는 어떤 평화도 찾아볼 수 없습니다. 그러나 무언가를 감사해하고 존중하는 사람들은 모리아 산을 자신들과 마찬가지로 소중한 성지로 여기는 다른 이들을 이해할 수 있게 됩니다. 그러한 이들에게는 이러한 열정적인 믿음이 평화로 가는 길을 열어주는 창문이 될 수 있습니다.

정당화의 상자 속에서 보면, 열정과 믿음, 개인적 필요가 우리들을 분열시키는 것처럼 보입니다. 그러나 우리가 상자에서 빠져나올 때, 우리의 이러한 생각이 거짓이었다는 것을 알게 됩니다. 열정, 믿음, 필요 속에 있는 고결함이 우리가 다른 이들을 바로 보고 이해하게끔 만들어 주기 때문에, 우리들을 분열시키는 게 아니라 오히려 하나로 묶어주게 됩니다. 만약 우리에게 소중히 여기는 믿음이 있다면, 다른 이들에게도 그들이 갖는 믿음이 얼마나 소중한 지를 알 수 있게 됩니다. 만약 우리에게 어떤 요구가 있다면, 우리의 경험을 통해 다른 사람들의 요구가 어떤 것인지를 알 수 있게 됩니다. 모리아 산이 어떤 것인지를 이해하는 것은 희망의 산을 올라가는 것과 같습니다. 산의 정상을 상자 밖 시선이라 간주하면, 산의 정상에 도달하는 것은 빌딩이나 집 같은 외적인 사물만 보는 것이 아니라, 사람들을 하나의 인간으로 보게 되는 것과 같은 것이 될 수 있습니다.

모리아 산을 다른 시선으로 보면 다르게 보일 지 모르지만, 분명 분열과 그 분열을 극복할 수 있는 희망, 이 둘을 나타내는 상징적 의미가 가득 차있는 지역입니다.

우리의 가정과 직장도 분열되어 있습니다. 그리고 우리들이 마음 속으로 느끼는 혼란스러움을 상징하는 겉으로 표출되는 어떤 것, 모리아 산 같은 것이 그 속에 숨어 있습니다. 가정에서는 그런 것이 설거지나 재정 문제, 아이들에 대한 훈계 같은 것일 수 있고, 직장에서는 직책이나 회사 내 위치, 다른 이들로부터 받아야 하는 대접 같은 것일 수 있습니다. 우리는 이러한 문제점들을 갖고 다른 이들과 전쟁을 시작하고, 이들과 전쟁을 더 벌이게 될수록 갈등이나 문제점은 점점 더 커져서, 마침내 우리가 손을 쓰기 힘들 정도로 거대해 지게 됩니다.

만약 제 말을 믿지 않으신다면, 갈등의 상징인 듯 보이는 어떤 문제점에 대해 사람들이 편을 갈라 전쟁을 벌이는 곳의 분위기는 어떤 지 한 번 살펴보시기 바랍니다.

말씀 드린 것처럼 문제는 단순히 설거지나 잔디 깎기, 직책 같은 것일 수 있습니다. 사실 문제는 겉으로 드러나는 그 문제 자체가 아니라 그 문제 밑, 즉 이러한 문제들을 전쟁터 삼아 싸우려는 우리 마음 속에 내재된 진실 속에 있는 겁니다.

겉으로 표출되는 갈등을 풀어줄 수 있는 오래 가는 해결책은 우리 마음 속에 갖고 있는 진정한 해결책을 우리 자신이 찾아 줄 때만 효력이 있습니다. 이스라엘 내 갈등을 외적으로 드러난 경제나 안전 같은 문제점들에만 초점을 맞추어 풀려고 하면 불편한 긴장 완화 상황이 생길 수 있습니다. 하지만 내적인 평화를 찾게 되면 상황이 달라집니다. 가정이나 직장에서도 마찬가지입니다."

"하지만 긴장을 완화시키기 위해 유혈 참사를 일으키기도 하잖아요." 니콜이 말했다.

"맞습니다. 하지만 이 사실에 대한 진실은 이미 알고 계시지 않습니까! 겉으로 평화로운 듯 보이는 차가운 긴장 완화 방법을 요즘 많이 택하기는 하지만, 이런 방법 또한 전쟁을 유발 시킬 가능성이 있습니다. 직장이나 가정 내에서 벌어지는 전쟁에 대한 해결책은 우리 영혼 속의 전쟁을 우리 자신이 끝낼 때에만 가능한 것입니다. 그리고 이는 우리 자신이 상자 밖 장소를 발견하고 오래 유지함을 첫 번 째 전제로 합니다. 그리고 우리 자신 스스로가 상자 밖 장소가 되어 줌으로써 상자에서 빠져 나오려는 이들을 도와줄 수 있습니다. 제게는 벤 교수가, 아비에게는 하미쉬가, 제니에게는 메이리나 마이크가, 그리고 여러분들에게는 서로가 그러했듯이 말입니다.

여러분들은 이미 피라미드를 실천하기 시작하셨습니다. 어제 아침보다 오늘 아침에 훨씬 평화로운 기분을 느끼시는 걸 보면 이를 깨달으실 수 있으실 겁니다."

사람들은 유수프의 말에 서로를 바라보았다.

"여러분, 아비와 저, 그리고 저희 직원들은 여러분들의 자녀를 위해 상자 밖 공간이 될 수 있도록 최선을 다할 것입니다. 우리는 그들을 향해 신발을 벗어주고, 그들이 자신들의 삶을 새로이 숙고하고, 그들이 바꾸고 싶어하는 점을 제대로 바꿀 수 있도록 그들에게 상자 밖 공간을 만들어줄 것입니다. 저희는 여러분들도 자녀들을 위해 그렇게 해 주실 것을 부탁 드립니다. 그런 행동이 여러분들께 어떤 의미를 갖든지 말입니다."

루는 두 달 후, 코리를 만나게 될 날을 머리 속에 상상해 보았다. 지난 이틀 간 배운 내용을 제대로 기억하고 있다면, 루는 분명 그날 신발을 벗은 채 코리를 맞이하리라 생각했다. 하지만 먼저 편지부터 쓰자고 결심했다.

"하지만 만약 제 아들이 두 달 후에도 마약을 계속 하면요? 이 곳에서 그 애를 바꿔놓지 못하면 어떻게 됩니까?" 미구엘이 걱정스럽다는 듯 물었다.

"아드님께는 미구엘 같은 아버지가 있지 않습니까? 언제나 아드님을 사랑하실 거잖아요."

"하지만 전 제 아들이 마약 하는 건 싫습니다!"

"당연히 그러실 겁니다. 그렇기 때문에 시간이 얼마가 걸리든 간에 아드님을 도우려는 노력을 멈춰서는 안됩니다. 아드님이 그런 노력을 별로 달가워하지 않더라도요.

이 말은 오해하지는 마세요. 우리의 최선의 노력에도 불구하고 어떤 전쟁은 어쩔 수 없이 치러야 합니다. 어떤 문제들은 전쟁을 반드시 필요로 하니까요. 혹시 그런 상황에 처하시면 살라딘의 경우를 생각해보세요. 항상 전쟁을 해야 했지만, 평화를 향한 마음으로 그런 전쟁을 치른 사람을요."

유수프는 잠시 말을 멈춘 뒤, 고맙다는 듯한 시선으로 사람들을 둘러보았다.

"그리고 더 심오한 교훈도 같이 기억해 두십시오. 여러분들과, 저와 이 세상이 바라는 평화는 우리가 찾는 평화나 평화 없이 치러지는 전쟁이 아닌, 우리 마음 속에서 만들어낸 평화에 달려 있습니다.

이 사실이 여러분들에게 희망을 줄 것입니다. 겉으로 보기에 아무리 삭막하다 할지라도, 마음 속에 평화를 갖기로 선택할 수 있으며, 그러한 선택이 모든 것을 바꾸어 놓을 수 있습니다.

여러분들은 이미 이 사실을 알고 있습니다.

"너무 지나치게 커서 우리의 마음으로 극복하지 못할 것 같은 문제는 없습니다. 우리들의 배우자, 자녀들, 동료들, 심지어 적들까지, 여러분들은 그들 모두를 하나의 '인간'으로 보기로 선택 할 수 있으며, 이들과의 갈등을 풀어줄 여태껏 알지 못했던 해결법을 찾으실 수 있습니다. 그리고 결국에는 이들과 새로운 공간과 장소, 곧 평화에 이르는 길에서 다시 만나게 될 것입니다.

평화를 향한 인간의 마음보다 더 크고 아름다운 산은 없습니다.

Heal the World

노래 마이클 잭슨

당신 마음속에는 사랑이라는 공간이 있다는 것을 알아요

그 사랑의 공간은 다가올 앞날보다 더욱 찬란하죠

진정 노력한다면 슬퍼할 일이 없다는 것을 알게 될 거예요

이 곳에서는 아픔도 슬픔도 없다는 것을 알게 될 거예요

당신의 삶을 소중히 여긴다면 그곳에 이르는 길이 있어요

작은 사랑의 공간을 마련해서 더 나은 세상을 만들어봐요

세상을 치유해서 좋은 세상을 만들어요

당신과 나, 그리고 모든 인류를 위해서 말이에요

삶을 소중이 여긴다면 당신과 나를 위해서라도

좋은 세상을 만들어봐요

나를 자유롭게 하는 관계

발행일 2018년 1월 26일
지은이 아빈저연구소
편역자 서상태
발행인 이주현
발행처 위즈덤아카데미, 아빈저연구소

등 록 | 제 12-326호
주 소 | 서울 마포구 연남동 509-14
전 화 | 02-782-5578
이메일 | gracewisdom42@gmail.com

이 도서의 국립중앙도서관 출판시도서목록(CIP)은 e-CIP 홈페이지(http://www.nl.go.kr/ecip)와
국가자료공동목록시스템(http://www.nl.go.kr/kolisnet)에서 이용하실 수 있습니다.

ISBN | 978-89-92352-14-7 03190
값 15,000원